FABRIQUE A REIMS EXPLOITÉE PAR A. BAUDESSON ET P. HOUZEAU.

BREVET D'INVENTION

S. G. D. G.

DES PYROLÉINES

ET DES

HUILES MINÉRALES INOXYDABLES

POUR

LE GRAISSAGE DES MACHINES DE FILATURE ET DE TISSAGE

PAR

JULES ROTH

PHARMACIEN EN CHEF DE L'HOSPICE CIVIL DE MULHOUSE

CHIMISTE INDUSTRIEL.

CE MÉMOIRE

PRÉSENTÉ A LA SOCIÉTÉ INDUSTRIELLE D'AMIENS,

a obtenu au concours

LA MÉDAILLE D'OR

proposée

pour le meilleur mémoire sur l'emploi des huiles minérales dans le graissage des machines; question d'économie, d'absence de cambouis, de diminution des frottements.

MULHOUSE

CHEZ ERNEST DEVILLERS, LIBRAIRE, RUE DES TANNEURS.

1863

Mon procédé pour obtenir l'épuration complète et l'inoxydabilité des huiles destinées au graissage des machines ayant été breveté par brevet d'invention et par certificat de perfectionnement, les contrefacteurs seront poursuivis selon la rigueur des lois.

Je me réserve également le droit de traduction en anglais et en allemand.

J. ROTH.

STRASBOURG, TYPOGRAPHIE DE G. SILBERMANN.

DES PYROLÉINES

ET DES

HUILES MINÉRALES INOXYDABLES POUR LE GRAISSAGE

DES MACHINES DE FILATURE ET DE TISSAGE.

INTRODUCTION.

Des huiles dans leur application au graissage des machines.

Les huiles de graissage généralement employées sont:

1° Les huiles grasses;

2° Les huiles minérales.

Les huiles minérales étant trop fluides pour le graissage des machines, il a fallu, pour en tirer parti, les épaissir avec des huiles grasses. Or, comme les huiles minérales entrent dans le mélange en proportion faible, un tiers, un quart, il est évident que les huiles grasses jouent le rôle principal. Sans doute, une addition d'huile grasse épaissit l'huile minérale, mais à vrai dire, l'huile minérale dilue simplement l'huile grasse, et dès lors elle n'est autre chose qu'un fluidifiant. Le nom d'*épaississant* convient uniquement aux corps gras employés en minime proportion, par rapport à l'huile fluide, qu'ils sont appelés à épaissir, par exemple une partie d'épaississant sur quatre parties d'huile fluide. Les huiles grasses, ainsi que nous venons de le dire, jouant par conséquent le rôle principal, il est évident que la première chose à faire est de purifier celles-là et de les rendre inoxydables. La pureté et l'inoxydabilité des huiles grasses est donc le seul problème à résoudre; c'est un moyen indirect de prévenir l'oxydation des huiles minérales et partant la formation du cambouis. En effet, quoique dans les conditions ordinaires, les huiles minérales *pures* soient peu sujettes à s'oxyder, l'expérience nous prouve qu'elles ne jouissent plus de cette propriété quand elles sont employées au graissage des machines. Là, les circonstances ne sont plus les mêmes, et afin de les empêcher de s'oxyder ou de former du cambouis, de les rendre, en un mot, propres au graissage des machines, il faut les associer aux corps gras purs et inoxydables.

En faisant une expérience comparative aux machines :

1° avec de l'huile minérale seulement;

2° avec de l'huile minérale mêlée de corps gras;

nous observons que l'huile minérale employée à l'état pur s'oxyde rapidement ou forme du cambouis, qu'elle n'adhère que faiblement aux organes mécaniques, et qu'elle exige un graissage très-fréquent. Dans certaines circonstances il peut arriver que les organes mécaniques n'étant plus suffisamment lubrifiés par la couche d'huile interposée, les parties frottantes marchent à sec et s'échauffent au point d'enflammer l'huile minérale. Tous ces inconvénients disparaissent par l'emploi de l'huile minérale épaissie et rendue inoxydable suivant notre procédé. Dès lors ce mémoire doit porter :

1° Sur la purification des huiles grasses;

2° Sur le moyen de les rendre inoxydables;

3° Sur la solidification des huiles grasses pures et inoxydables ou sur leur transformation en *épaississant*.

Nous terminons cette préface en rappelant que les premiers mémoires qui ont paru sur les huiles de graissage ont été publiés par nous. En effet, notre première publication date de

1858, la seconde de 1859, la troisième de 1860, et enfin celle-ci est conçue d'après un plan entièrement nouveau, n'ayant aucun rapport avec les éditions précédentes. La preuve qu'elles ont eu quelque retentissement, c'est que les plagiaires et les gens à la piste de toutes les inventions en ont fait leur bénéfice. En Suisse, en Allemagne, en Hollande, en Russie etc., les contrefacteurs se sont empressés de fabriquer les huiles suivant notre procédé.

CHAPITRE PREMIER.

I. MATIÈRES ÉTRANGÈRES RENFERMÉES DANS LES HUILES.

Les chimistes qui se sont occupés de cette question sont unanimes à reconnaître que les huiles renferment des matières étrangères. Nos recherches à ce sujet sont consignées dans nos précédents mémoires[1]. Dans notre dernière publication nous sommes entré dans des détails très-précis, et nous avons constaté par des expériences nombreuses que les substances étrangères existent dans les huiles sous deux formes différentes, quel que soit le mode d'extraction dont on ait pu faire usage:

1° A l'état de suspension;

2° A l'état de dissolution.

Cette distinction est excessivement importante, parce qu'elle nous montre au premier coup d'œil que la purification des huiles doit être basée, non-seulement sur des moyens mécaniques, mais encore sur des moyens chimiques.

Des expériences que nous avons entreprises sur une grande échelle nous autorisent à conclure que les huiles dépouillées des matières étrangères sont identiques.

Ces théories ne sont point nouvelles, déjà F. V. Raspail les avait soutenues avant nous[2]. Cet illustre chimiste s'est exprimé catégoriquement à cet égard, et ses prévisions se sont réalisées d'une manière complète. Selon lui, ces différences qui existent entre les huiles doivent être attribuées aux matières étrangères seules. C'est là le principe que nous défendons depuis que nous nous sommes voué à l'étude des huiles de graissage, avant même que nous eussions connaissance des travaux de F. V. Raspail. Depuis, nos constatations pratiques faites en grand ont pleinement confirmé nos idées, et aujourd'hui nous ne craignons pas de poser en principe qu'à l'état pur les huiles sont iden-

[1] Voir brochure sur *les Pyroléines*, p. 5.

[2] Voir documents à l'appui des principes énoncés dans cette brochures, p. 58.

tiques, ou en d'autres termes, qu'il n'y a en réalité qu'une seule espèce d'huile.

Ce principe admis, il est tout naturel que les huiles de colza, de ravison, de sésame, d'olive, de spermaceti etc., débarrassées des matières étrangères, jouissent toutes des mêmes propriétés. Or les huiles traitées suivant notre procédé étant réellement pures, ainsi qu'il résulte de plusieurs rapports faits, l'un par le Comité de chimie de la Société industrielle, l'autre par M. E. Kopp (voir *Moniteur scientifique*, publié par le docteur Quesneville), il est évident qu'elles devront fournir, soit au graissage des machines, soit dans tout autre emploi, des résultats analogues. Une huile à bon marché, à l'état pur, pourra donc rivaliser avec une huile d'un prix élevé, telles que le spermaceti, l'huile d'olive, auxquelles on ne donnait évidemment la préférence que parce qu'elles étaient relativement plus pures que les huiles ordinaires et sujettes à être falsifiées seulement par des huiles de prix et de qualité immédiatement inférieurs, telle que l'huile de sésame; tandis que l'huile de colza se rencontrait toujours à l'état de mélange avec de l'huile de lin, de l'acide oléique, huiles d'un prix moins élevé que l'huile de sésame, moins pures que cette dernière, et en général beaucoup plus nuisibles pour le graissage des machines.

II. PROPORTION DES MATIÈRES ÉTRANGÈRES RENFERMÉES DANS LES HUILES.

a. *En suspension.*

Les matières étrangères que les huiles contiennent à l'état de suspension sont évaluées par les chimistes et les industriels à 2 0/0[1]. D'après cela, 100 kilogrammes d'huile d'olive, de colza etc. renfermeraient 2 kilogrammes de matières étrangères.

[1] Voir J. de Fontenelle, *Nouveau manuel complet du fabricant et de l'épurateur d'huiles.*

Dans la nouvelle édition de J. Girardin, *Chimie organique*, nous lisons, t. II, à la p. 179, ce qui suit:

«En traitant les huiles d'après le procédé de Leroy, et qui « consiste à battre l'huile avec de l'acide azotique à 26° (3 parties « d'acide pour 1000 parties d'huile en volume), le déchet est de « 4,8 0/0, c'est-à-dire que 100 kilogrammes d'huile donnent « 4,8 kilogr. de déchet. »

b. *En dissolution.*

Les proportions dans lesquelles les matières étrangères sont renfermées dans les huiles en dissolution peuvent être évaluées au minimum à 2 0/0 (voir brochure sur *les Pyroléines*, p. 6). Il est évident que nous ne pouvons pas admettre que les huiles en général forment un déchet de 2 0/0. S'il en était ainsi, l'huile de colza, l'huile d'olive, l'huile de sésame fourniraient les mêmes résultats au graissage des machines. Il n'y aurait donc pas de raison de donner la préférence à l'huile d'olive! Nous voulons bien croire que par les traitements ordinaires, par exemple par l'acide sulfurique, toutes les huiles donnent 2 0/0 de déchet! Cela prouve tout simplement que ces huiles sont toutes altérées de la même manière, que le même produit se forme dans les mêmes circonstances. Les nombreuses expériences que nous avons faites à ce sujet prouvent que généralement les huiles forment un déchet plus considérable. Mais enfin nous préférons indiquer le minimum pour qu'on ne puisse élever le moindre doute à cet égard. Suivant ces données, les huiles brutes ou soutirées renferment donc en moyenne:

2 0/0 de matières étrangères en suspension;
2 0/0 — en dissolution;

Ce qui fait en tout 4 0/0.

Ou ce qui revient au même:

100 kilogrammes d'huile d'olive, de colza etc. forment un déchet de 4 kilogrammes.

III. DÉCHET FORMÉ PAR L'OXYDATION DE LA MATIÈRE GRASSE.

On ne saurait nier que les huiles s'oxydent au contact de l'air et se transforment en une matière résineuse. Lorsqu'on les emploie au graissage des machines, cette résinification est bien plus prompte, ce qui s'explique par les conditions mêmes dans lesquelles elles se trouvent, conditions excessivement favorables à l'oxydation immédiate (voir brochure sur *les Pyroléines*, p. 16, à l'article : *IV. Inconvénients de l'emploi des huiles ordinaires oxydables*, a) *au point de vue de la conservation des machines*).

Nous ne voulons pas traduire en chiffres la quantité de résine formée par l'oxydation de la matière grasse; nous nous contentons de la représenter par la lettre x, laissant au praticien la liberté de l'évaluer lui-même. Le déchet formé par les matières grasses sera donc d'abord : 4 0/0, la moyenne obtenue par l'élimination des matières étrangères $+ x$, produit de la résinification ou de l'oxydation de l'huile elle-même.

Ce déchet prend généralement le nom de *cambouis*, substance dont la composition peut être représentée par:

1° Des matières étrangères renfermées dans les huiles ;

2° De la résine formée par l'oxydation de l'huile elle-même ;

3° Des matières étrangères provenant du milieu dans lequel le graissage a lieu ;

4° Du métal qui se détache sous forme de poudre impalpable des machines pendant l'action du graissage (voir brochure sur *les Pyroléines*, p. 16-19).

Le cambouis forme donc un déchet composé en moyenne de :

4 0/0 déchet des matières étrangères ;

x produit de la résinification de l'huile,

$+$ le déchet augmenté par la poudre impalpable se détachant des machines et que nous représentons par la lettre y.

En résumé le cambouis définitif sera donc :

$$4\ 0/0 + x + y.$$

En jetant un coup d'œil sur le tableau suivant indiquant les différences qui existent entre une huile pure et une huile brute ou impure, l'on se formera une idée exacte des matières étrangères que renferment les huiles, et l'on ne s'étonnera plus de la composition complexe du cambouis. (Les expressions de : huile soutirée, huile impure, huile brute, huile à l'état naturel sont synonymes pour nous.)

MATIÈRES EXTRACTIVES RENFERMÉES DANS LES HUILES.

L'HUILE BRUTE RENFERME :	L'HUILE PURE RENFERME :
1° Matières azotées; 2° Matières non azotées, telles que : a. Albumine; b. Caséine; c. Matières pectineuses; 3° Matières résineuses; 4° Fragments de tissu cellulaire; 5° Matières colorantes; 6° Eau; 7° Produits volatils.	Rien que de la matière grasse, c'est-à-dire que, par exemple, 100 kilogrammes de pyroléine ou huile pure représentent 100 kilogrammes de matière lubrifiante.

Nous terminerons cet article par quelques considérations sur les matières mucilagineuses, suivies d'expériences qui nous sont propres. Comme elles prennent une grande part à la formation du cambouis, il est donc essentiel de décrire leurs propriétés.

MATIÈRES MUCILAGINEUSES.

Nous avons évalué à 2 0/0, même à 4 0/0, les matières extractives renfermées dans les huiles. Quoique ces données soient exactes et d'accord avec la pratique, admettons par la pensée que les huiles, soit soutirées, soit épurées d'après les méthodes anciennes, ne renferment plus que 1/2 0/0 de substances mucilagineuses par 100 kilogr. d'huile, par exemple. Nous disons que ce 1/2 0/0 ou, ce qui revient au même, les 500 grammes de mucilage, en se répandant sur les machines, sont plus que suffisants pour les crasser entièrement.

En effet, en prenant isolément et indistinctement 500 grammes de l'une ou de l'autre des substances indiquées dans le tableau précédent, et en l'introduisant, soit dans de l'eau, soit dans un excipient quelconque, nous observons, en lubrifiant les machines avec cette dissolution : qu'après la disparition du véhicule qui tenait la substance étrangère en dissolution, les matières étrangères se sont répandues d'une manière presque uniforme dans les parties lubrifiées.

L'expérience a été faite avec de l'eau pure ou de l'eau distillée. Une seconde expérience a été faite avec un mélange d'huile et de matières mucilagineuses, en prenant 500 grammes de matières mucilagineuses par 100 kilogrammes d'huile. Après la disparition totale de la matière grasse il est resté un résidu fixe très-considérable, de couleur noire et dont les propriétés physiques étaient celles de la glu. Ce magma noir et gluant formait un enduit qui recouvrait toutes les parties ayant été en contact avec l'huile additionnée de mucilage. Le poids de ce déchet dépassait celui des matières mucilagineuses. Une troisième et dernière expérience a consisté à lubrifier les organes mécaniques avec une dissolution grasse composée ainsi qu'il suit :

Huile grasse . . . . 100 kilogrammes.
Asphalte ou bitume de Judée. . 100 grammes.

On fait fondre le bitume et on y incorpore l'huile préalablement chauffée; après dissolution parfaite on y mélange la quantité d'huile nécessaire pour former les 100 kilogrammes de mélange.

Au lieu de se servir d'asphalte, on peut faire usage de goudron liquide. Nous citons l'asphalte ou le goudron, parce que les huiles minérales dont on se sert renferment généralement l'un ou l'autre de ces principes en dissolution. Dans un mémoire publié, il y a déjà quelques années, nous avons dit que les huiles minérales distillées à différentes températures et leurs produits fractionnés soumis à de nouvelles distillations à des degrés de température variables, et ces mêmes produits redistillés, et ainsi de suite jusqu'à l'infini, retiennent toujours jusqu'au dernier atome du bitume. Ce mélange équivaut donc à celui qu'on obtient en prenant par exemple deux parties d'huile grasse et une partie d'huile minérale, en ce sens que les principes résineux sont les mêmes.

Le déchet formé par cette dissolution d'huile et de résine était considérable, excessivement gluant et crassait la machine. Ces différentes expériences prouvent d'une manière concluante que les matières extractives des huiles, même en petite quantité, ne peuvent être que nuisibles au graissage des machines; ce qui s'explique par la grande facilité avec laquelle les matières albumineuses s'émulsionnent avec les huiles. On peut donc soutenir sans exagération que quelques grammes de mucilage sont suffisants pour cambouiser une machine entière. En effet, le mucilage, en raison de sa faible densité, peut occuper un volume considérable, au point qu'un litre de cette substance réduit à siccité pèse tout au plus quelques centigrammes. Ainsi, en résumé, la faible densité du mucilage, le grand volume qu'il occupe et surtout sa puissance émulsive nous expliquent le dommage qu'un corps de cette nature doit occasionner pendant l'action du graissage.

Il est donc pleinement démontré que les huiles renferment des matières étrangères ; nous en avons fixé les proportions, et nous avons évalué le cambouis formé par l'emploi de ces huiles impures. Il convient à présent d'examiner les moyens actuellement employés pour l'épuration des huiles. Comme nous avons déjà traité cette question dans un mémoire publié sur *les Pyroléines*, en 1860 (voir p. 7-13), nous nous bornons à les citer en insistant de nouveau sur leur insuffisance.

IV. MOYENS ACTUELLEMENT EMPLOYÉS POUR L'ÉPURATION DES HUILES.

1° Par le repos au contact de l'air;

2° Par l'eau froide;

3° Par la pression;

4° Par la filtration;

5° Par l'action de la chaleur, soit à feu nu, soit au bain-marie, soit par la vapeur;

6° Par la vapeur d'eau ordinaire (100°) ou par la vapeur surchauffée;

7° Par les alcalis;

8° Par le tannin et la colle de poisson;

9° Par la noix de galle et l'acide sulfurique;

10° Par l'extrait de saturne, et en général par les sels de plomb en dissolution dans l'eau, ou par des sels ou composés agissant mécaniquement;

11° Par l'alcool, l'éther etc.;

12° Par l'acide.

Parmi les procédés de purification le plus généralement employés encore aujourd'hui, nous citerons :

1° Le mode de purification par la chaleur;

2° — par l'acide.

La dépuration des huiles par la chaleur remonte aux premiers âges du monde; c'est un procédé entièrement primitif et qui devait recevoir une application toute naturelle aussitôt que l'homme eut connu les effets de la chaleur. Ce qui nous prouve, en effet, que dans les temps anciens la chaleur jouait un grand rôle, c'est que le feu était alors considéré comme un élément, et tout corps qui avait subi l'épreuve du feu, passait pour éminemment pur. Cette idée si simple et parfaitement conforme aux connaissances de cette époque-là est encore en pratique de nos jours. En effet, elle a été diversement appliquée. Ainsi les huiles ont été purifiées :

1° Par le chauffage à feu nu ;

2° — au bain-marie ;

3° — à la vapeur[1] ;

4° Par l'introduction d'un courant de vapeur à 100° ;

5° Par l'introduction d'un courant de vapeur surchauffée.

Le traitement de l'huile à feu nu est le plus ancien ; quant à la purification de l'huile au bain-marie et à la vapeur, les chimistes en ont fait usage de tout temps. M. Nicolas Lemery, de l'Académie royale des sciences, docteur en médecine, dans un *Traité de chimie* publié en 1744, p. 603, parle déja du chauffage de l'huile à la vapeur. A la page 53, à l'article : *Des différents feux dont on se sert en chimie et de leurs degrés*, il dit très-bien ce qu'il faut entendre par bain de sable, bain-marie, feu nu, bain de vapeur etc. ; tous ces moyens lui étaient connus, et il les appliquait à l'épuration des huiles. Plus tard on avait imaginé de purifier les huiles en y dirigeant soit un courant de vapeur d'eau à 100°, soit de la vapeur surchauffée. De quelque manière qu'on chauffe les huiles, elles ne sont jamais débarrassées que des matières étrangères qu'elles renferment en suspension et deviennent bien plus oxydables (voir *Mémoire sur les Pyroléines*, p. 9 et 52-55). Ces huiles contiennent beaucoup d'acides gras libres, acides qui se forment déjà au moment où l'on brise les graines oléagineuses et qui augmentent encore lors de leur extraction en grand en les pressant à chaud, et par la purification au moyen de la chaleur. En songeant que ces huiles renferment encore toutes les matières étrangères en dissolution, nous voyons que le moyen primitif de chauffage à feu nu est encore plus simple, plus expé-

[1] Cette opération se fait généralement dans une cuve garnie d'un serpentin où circule la vapeur.

ditif et plus rationnel que celui au bain-marie ou à la vapeur, et à plus forte raison que le traitement soit par la vapeur ordinaire, soit par la vapeur surchauffée, qui laisse toujours de l'eau de condensation interposée entre les molécules d'huile (voir brochure sur *les Pyroléines*, p. 9).

La purification au moyen de l'acide est encore plus fréquemment employée que celle au moyen de la chaleur. Ce procédé est très-ancien aussi, il a été découvert par le célèbre chimiste anglais Gower, en 1790, et perfectionné par Denis de Montfort et par Thénard. Aujourd'hui encore il s'emploie de la même manière; par conséquent depuis le temps de Gower il n'y a point eu de progrès réel dans cette branche d'industrie. En résumé, ce mode d'épuration par l'acide consiste, à l'exemple de toutes les méthodes actuelles, à éloigner simplement des huiles les matières étrangères en suspension. Mais quand on épure ainsi les huiles, l'acide ne se borne point à charbonner les matières étrangères seulement, il s'empare en même temps d'une certaine quantité de matière grasse, qui se précipite sous forme de grumeaux gras (huile altérée; voy. F. V. Raspail, t. III, p. 357-358).

Nous insistons sur ce fait par la raison que nous établirons une différence entre les procédés qui consistent simplement à priver les huiles des matières étrangères et ceux qui les purifient incomplétement et les altèrent en même temps.

V. ÉPURATION COMPLÈTE DES HUILES.

Dès que les méthodes anciennes de purification sont imparfaites, il s'agit de prouver qu'à l'aide de notre procédé les huiles subissent une épuration totale. Nous démontrerons d'abord:

1° Que les huiles traitées suivant notre procédé sont réellement pures;

2° Qu'elles sont inoxydables;

3° Que le procédé de préparation est rationnel et praticable sur une grande échelle.

Pour prouver que ces questions sont complétement résolues par notre procédé, il suffit de citer les conclusions du Comité de chimie de la Société industrielle de Mulhouse et le rapport de M. E. Kopp, *Sur les pyroléines*, publié par le docteur Quesneville (voy. *Moniteur scientifique*). A la suite de ces articles nous ajouterons quelques observations qui nous sont propres, et tendant à prouver que les pyroléines ne changent point de consistance pendant l'action du graissage ou au contact de l'air. Cette propriété, considérée sous le point de vue de l'absorption de la force motrice, est très-importante.

Conclusions du Comité de chimie.

A la séance du 28 novembre 1860, M. Ch. Thierry-Mieg fils a lu un rapport concluant ainsi :

« Il résulte des essais faits par MM. Thierry, Schneider et Gop-
« pelsrœder, sur les huiles traitées suivant le procédé de M. Jules
« Roth, que ces huiles sont par là rendues *moins oxydables*, que
« par conséquent il y a réellement *épuration*[1].

Extrait du rapport de M. E. Kopp sur les Pyroléines de Jules Roth.

« Le meilleur moyen d'empêcher la trop facile oxydation des
« huiles, c'est de les purifier des matières étrangères qu'elles
« renferment et d'enlever ainsi la cause première du commence-
« ment d'altération...

[1] M. Éd. Schwartz, présent à la séance, fit observer « que, dans tous les cas, « le seul fait de rendre les huiles moins oxydables doit engager les industriels à « faire usage de celles traitées par ce procédé, attendu qu'elles présentent moins « de dangers d'inflammation spontanée que les huiles ordinaires » (voy. l'*Industriel alsacien* du 30 décembre 1860).

Ce qui avait donné lieu à l'observation de M. Ed. Schwartz était une expérience concluante faite par M. le docteur Goppelsrœder, de Bâle, à l'aide d'un réactif imaginé par le professeur Schœnbein, pour distinguer les huiles inoxydables des huiles oxydables.

« Pour purifier certaines huiles, de simples lavages ou filtra-
« tions ne suffisent pas; il faut préalablement faire subir une al-
« tération aux matières étrangères; il faut les *coaguler*, les *oxy-*
« *der*, LES FAIRE ENTRER EN COMBINAISON AVEC D'AUTRES CORPS. »

Après avoir établi la théorie qui repose sur ce principe, M. E. Kopp conclut ainsi :

« Le procédé est essentiellement un procédé de purification « par la voie sèche, c'est-à-dire la plus rapide, la plus énergique « et la plus économique. En chauffant l'huile à une température « assez élevée, on en chasse l'*eau* et les produits *volatils;* les « matières étrangères albumineuses, pectineuses etc. sont dés- « hydratées, coagulées, et subissent même déjà un commence- « ment d'altération, manifesté par les vapeurs piquantes qui se « dégagent.....

« Les limites de température seraient assez difficiles à obser- « ver dans la pratique, et probablement l'*élimination des ma-* « *tières étrangères* par cette espèce de torréfaction *seule* serait « *assez* incomplète, si M. Roth n'avait pas eu l'heureuse idée de « faire intervenir à ce moment même l'action d'un composé, ca- « pable de hâter l'altération des impuretés et en même temps de « faciliter leur départ, en formant avec elles des combinaisons « insolubles dans l'huile.

« C'est là le rôle que joue le suroxyde de plomb : abandonnant « à cette température élevée de l'huile une petite quantité d'oxy- « gène, il oxyde, sans les brûler entièrement, les matières al- « bumineuses, et au même moment l'oxyde plombique engen- « dré, qui est une base assez puissante et ayant une grande « tendance à se combiner avec les matières albumineuses, pec- « tineuses, sucrées etc., est là pour s'emparer des matières oxy- « dées.

« L'huile de colza elle-même ne peut éprouver guère de chan- « gement, et lorsque les impuretés seront séparées, la pyroléine « de colza nous représente la brassine et l'oléine de cette huile « dans un grand état de pureté et sans que les qualités et pro-

« priétés physiques de l'huile aient eu à subir de notables chan-
« gements.

« Il nous paraît donc évident que la pyroléine de colza ne peut « contenir que des traces presque inappréciables de plomb, pas « même 1/4000e si l'on veut admettre que l'oxyde de plomb se « partage entre les matières étrangères et l'huile proprement « dite, supposition que nous croyons assez peu probable.

« Quant à la belle *couleur verte* des pyroléines, elle peut pro- « venir d'une simple modification de la couleur jaune normale. « M. Jules Roth l'attribue tantôt à la chlorophylle, tantôt à un « carbure d'hydrogène incolore qui, en se combinant avec l'oxy- « gène, donnerait lieu au vert.

« Quoi qu'il en soit et quelles que soient les différences d'opi- « nion sur l'explication des phénomènes observés dans la prépa- « ration des pyroléines, il n'en est pas moins constant que le « procédé de M. Jules Roth donne avec une grande facilité des « *produits gras, excessivement peu oxydables et qui présentent* « *de grands avantages dans leur emploi comme huiles de grais-* « *sage.*

« Le procédé de préparation des pyroléines est un procédé « parfaitement rationnel et qui dans la pratique semble donner « d'excellents résultats. »

Les huiles traitées suivant ce procédé étant reconnues réellement pures et inoxydables, il reste actuellement une dernière question à résoudre, savoir: les huiles pures inoxydables sont-elles préférables au graissage des machines aux huiles impures et oxydables, et quels sont les avantages qui en résultent au point de vue de l'absence du cambouis, de la diminution des frottements et de l'économie? Ces questions étant du domaine de la mécanique, seront examinées dans un chapitre spécialement consacré à ce sujet.

CHAPITRE II.

I. COMPARAISON DES HUILES SOUS LE RAPPORT DE LA FORCE MOTRICE.

Nous nous proposons, dans cette partie du mémoire, d'examiner les huiles au point de vue de la force qu'elles absorbent dans leur emploi au graissage des machines.

Nous nous occuperons d'abord des huiles généralement employées, à l'effet de voir si elles répondent au but qu'on se propose d'atteindre.

Les huiles qui absorbent le moins de force motrice, doivent être classées comme suit :

1° Les huiles minérales inoxydables ;

2° Les pyroléines ;

3° L'huile de spermaceti.

Parmi les huiles généralement employées en France nous citerons :

1° Les huiles minérales inoxydables, c'est-à-dire les huiles minérales épaissies et rendues inoxydables, suivant notre procédé. L'épaississant n'est autre chose que la pyroléine de consistance solide, préparée avec une huile grasse choisie à cet effet, telle que : huile de colza, par exemple ;

2° Les pyroléines ou huiles inoxydables ;

3° L'huile d'olive ;

4° Un mélange composé de :

Huile minérale ;

Huiles grasses à bon marché, telles que : huiles de colza, de coton, de ravison, de sésame, d'arachide, de suif (par huile de suif il faut entendre ici l'*oléine* extraite du suif et obtenue par une pression au moyen de presses hydrauliques), d'axonge etc. ;

5° Un mélange composé de :

Huile minérale ;

Huile d'olive.

Voici maintenant les huiles falsifiées versées dans le commerce :

1° Huile de spermaceti mélangée de :

Huile d'olive, oléine de suif, huile de sésame etc.

2° Huile d'olive mélangée de :

Huile de sésame, huile d'arachide etc.

3° Huile minérale mélangée de :

a) Acide oléique, produit accessoire de la fabrication des bougies, et appelé dans le commerce : huile de suif, oléine. Les 100 kilogrammes de cet acide coûtent, selon le cours, 90, 93, 96 fr. Cet acide s'oxyde avec une grande rapidité ; à la température ordinaire il peut absorber rapidement jusqu'à vingt fois son volume d'oxygène (Ch. Gerhardt, *Traité de chimie org.*, t. II, p. 805).

b) Huile de résine (produit obtenu par la distillation des résines à bon marché, telles que galipot, colophane etc.) ; ces huiles de résine sont ou liquides ou solides, et elles sont solubles dans les huiles minérales et dans les huiles grasses. On les ajoute aux huiles minérales pour les épaissir. Le prix des huiles de résine n'est que de 20, 30, 40 fr. les 100 kilogrammes.

c) Paraffine, corps qu'on retire du goudron de bois, des produits de la distillation de l'huile de schiste brute, de la cire, des goudrons de tourbe, et surtout du boghead. C'est une matière qui ne graisse point et qu'on ajoute aux huiles minérales pour les épaissir.

d) Huile de coton, obtenue par expression des graines du cotonnier, huile excessivement mucilagineuse et ne pouvant être employée que sous forme épurée. L'épuration se fait au moyen de l'acide sulfurique. L'huile épurée sert à falsifier l'huile de colza et les autres huiles grasses, tandis que l'huile brute, d'un brun rougeâtre et même de couleur noire, peut entrer dans les mélanges des huiles minérales. L'huile de coton sèche au contact de l'air avec une grande rapidité.

e) Huile de ravison ou colza sauvage. Cette huile est excessivement mucilagineuse et renferme une grande quantité d'eau. L'huile de ravison est plus nuisible aux machines que celle de colza ; du reste elle s'oxyde plus vite que cette dernière.

f) Graisse d'os. Cette graisse a moins de consistance que le suif; elle est toujours colorée et contient au moins 8 à 10 0/0 d'impuretés, au nombre desquelles il faut surtout citer la colle.

g) Les résines elles-mêmes, par exemple le galipot, la colophane etc., la térébenthine, masse de consistance molle, composée de colophane et essence de térébenthine; elle est fournie par un arbre, le *Pistacia terebinthus* (Térébinthacées), par le mélèze, *Larix europœa* (Conifères).

Après avoir fait connaître les huiles généralement employées comme produits lubrifiants, ainsi que les falsifications auxquelles elles sont sujettes, examinons-les maintenant au point de vue de la force motrice qu'elles absorbent.

II. INTERPRÉTATION RATIONNELLE DE L'ABSORPTION DE LA FORCE MOTRICE PAR LES HUILES GRASSES ET PAR LES HUILES MINÉRALES.

L'huile de spermaceti mérite d'abord de fixer notre attention, parce que, en effet, c'est une huile grasse exceptionnelle; elle a plus de consistance que les huiles minérales; elle est plus grasse qu'elles, et, malgré cela, elle absorbe moins de force motrice. A quoi l'huile de spermaceti doit-elle ce privilége? Nous l'expliquons par le grand état de pureté dans lequel elle se trouve. Il est certain que les huiles minérales sont moins pures qu'elle et surtout plus oxydables, parce qu'elles renferment toujours des matières bitumineuses ou goudronneuses, dont il est impossible de les priver, malgré les distillations les plus répétées. Ce fait est facile à vérifier par l'expérience. Mais outre les matières bitumineuses, les huiles minérales retiennent fort souvent en dissolution un grand nombre d'autres substances, telles que de la paraffine, par exemple. De ce nombre est l'huile minérale extraite du boghead. Aux huiles minérales fluides ou ajoute souvent de la paraffine pour les épaissir. Elle s'y dissout parfaitement bien; mais en hiver elle se précipite en majeure partie sous l'influence d'un abaissement de température. C'est à ce genre d'huile qu'on a donné le nom d'*huiles minérales paraffinées* ou simplement *huiles paraffinées.*

Nous verrons plus loin que la paraffine est une substance sèche qui ne graisse point, ou ne jouit point de propriétés lubrifiantes[1]. Elle joue le même rôle que les acides stéarique, margarique etc. (stéarine du commerce). On s'était imaginé, en dissolvant de la paraffine dans les huiles, que l'huile ainsi épaissie était inusable ! Or, et c'était chose facile à prévoir, l'expérience prouva, au contraire, que l'huile s'use plus vite et que la paraffine qui s'y trouve en dissolution reste pour résidu. Les huiles minérales sont des produits lubrifiants, de consistance variable, selon les matières dont elles sont extraites. Elles sont toujours excessivement colorées et, selon le traitement qu'on leur a fait subir et qui varie d'usine à usine, elles sont différentes. Nous ne faisons pas allusion ici aux huiles minérales falsifiées.

Nous sommes donc certain que les huiles minérales,

1° en raison de leur fluidité ;

2° en raison de la faible proportion de matière grasse qu'elles renferment,

absorberaient moins de force que le spermaceti, si à ces propriétés elles joignaient celle de la pureté [2].

[1] Les huiles dont *la paraffine s'est déposée* servent comme huile à graisser d'un excellent emploi, puisqu'elles ne sont nullement sujettes à l'oxydation (voir *Moniteur scientifique* du docteur Quesneville, *Sur les huiles minérales naturelles, et spécialement celles d'Amérique*, par M. E. Kopp, p. 761, décembre 1862).

[2] Nous croyons, avec M. E. Kopp, que les huiles minérales débarrassées des matières étrangères, telle que goudron etc., sont peu oxydables (voir p. 32 de ce mémoire).

En effet, nous savons par expérience que les huiles minérales absorbent moins de force que les huiles grasses en général, telles que les huiles d'olive, de sésame, d'arachide etc., qui, relativement à l'huile de spermaceti, sont très-impures et par conséquent très-oxydables.

Ces faits nous expliquent pourquoi les huiles grasses, telle que l'huile d'olive par exemple, absorbent plus de force motrice que l'huile de spermaceti. C'est évidemment à cause des impuretés ou du grand nombre de matières étrangères qu'elles renferment.[1] En effet, une huile grasse qui renfermerait sous le même volume la même quantité de matière grasse que l'huile de spermaceti, débarrassée des matières étrangères, se trouverait dans les mêmes conditions que l'huile de spermaceti ellemême.

Mais il existe des huiles qui prennent trop de force ou relativement plus de force que d'autres; nous devons rechercher par quels moyens il serait possible de les transformer en des produits lubrifiants absorbant moins de force.

III. TRANSFORMATION D'UNE HUILE ABSORBANT BEAUCOUP DE FORCE MOTRICE EN UNE HUILE ABSORBANT MOINS DE FORCE MOTRICE.

Quels sont les moyens dont la science dispose pour transformer une huile absorbant beaucoup de force motrice en une huile absorbant moins de force motrice?

L'épuration des huiles.

Quels sont les modes d'épuration en usage?

1° Les moyens chimiques;

2° Les moyens mécaniques.

Il est reconnu par tous les chimistes que les moyens mécaniques et chimiques actuellement employés ont les mêmes inconvénients, c'est-à-dire qu'ils ne privent les huiles que des

[1] Voir *les Documents*, p. 55 de ce mémoire.

matières étrangères qu'elles renferment à l'état de suspension. Tel est, par exemple, le traitement des huiles par l'acide sulfurique (voir *Mémoire sur les Pyroléines*, p. 7-13). Il a été démontré par le Comité de chimie et par M. Kopp, que notre procédé, consistant à débarrasser les huiles des matières étrangères en suspension et en dissolution, est le plus rationnel et le seul par lequel l'épuration soit complète. Donc, de toutes les huiles épurées, celles traitées selon notre procédé chimique formeront le moins de cambouis et par conséquent absorberont le moins de force motrice.

Outre les moyens chimiques et les moyens mécaniques il n'existe aucun autre procédé pour épurer les huiles. Selon nous l'épuration, en tant qu'elle se borne à débarrasser les huiles simplement des matières étrangères, est le moyen le plus naturel de transformer une huile absorbant beaucoup de force motrice en une huile absorbant moins de force motrice. Tout autre procédé, qu'il soit mécanique ou chimique, du moment qu'il exerce une action destructive sur la matière grasse, ou qu'il éloigne l'un de ses principes constitutifs, ou qu'il consiste à dissoudre le corps gras dans un dissolvant approprié, loin d'être un moyen de purification, n'est autre chose qu'un moyen d'altération ou de modification.

Pour distinguer ces différents moyens de purification, nous avons imaginé des noms spéciaux dont voici la définition:

1° Nous proposons d'appeler *altérant*, tout procédé de purification qui modifie l'huile, soit en lui enlevant de la matière grasse, comme le traitement à l'acide sulfurique par exemple, soit en changeant sa composition, comme le ferait, par exemple, l'acide nitrique concentré;

2° Par moyen de *séparation* nous entendons, par exemple, l'enlèvement de l'un des principes constitutifs de l'huile, soit par un abaissement de température, soit par la saponification. C'est ainsi qu'on peut éloigner la margarine de l'huile d'olive, par exemple ;

3° Nous avons donné le nom de *fluidifiant* à tout corps qui diminue la consistance de l'huile, soit par simple mélange, soit par un moyen de séparation, soit par un moyen d'altération. Fluidifiant est donc un terme général, et les moyens de séparation, d'altération, de simple mélange, sont des espèces de fluidifiants;

4° Nous désignons sous le nom d'*épaississant*, tout corps qui augmente la consistance de l'huile.

Jetons un coup d'œil rapide sur ces différentes méthodes pour en avoir une idée exacte.

Nous examinerons d'abord les moyens mécaniques, et parmi eux il convient de placer en première ligne:

1. Le traitement par un abaissement de température. Choisissons, par exemple, l'huile d'olive dont les principes constitutifs sont l'oléine et la margarine. Les proportions dans lesquelles elles sont contenues dans l'huile d'olive sont:

Oléine . . .	70;
Margarine . .	30;

Ces proportions sont, du reste, fort variables, selon que l'huile d'olive a été exprimée à froid ou à chaud. L'huile d'olive exprimée au moyen de la pression à chaud peut renfermer jusqu'à 45 et 50 0/0 de margarine, (voir *Mémoire sur les Pyroléines*, p. 82)[1].

Or, par le refroidissement de l'huile d'olive, toute la margarine se sépare de l'oléine qui la tenait en dissolution.

Nous disons que l'huile d'olive, débarrassée de la totalité de cette matière concrète (margarine) qu'elle tenait en dissolution, devient:

1° Plus fluide;

2° Moins grasse.

[1] Ce fait a été confirmé depuis par M. Heydenreich, pharmacien distingué de Strasbourg, auquel nous devons le procédé à l'acide sulfurique pour reconnaîtr la sophistication des huiles.

Si donc, d'un volume donné d'huile d'olive, par exemple, nous enlevons par un abaissement de température toute la matière concrète (margarine), tenue en dissolution dans l'oléine, il est tout à fait impossible que cette oléine, privée de 30 0/0 (et même 45 à 50 0/0) de matière concrète, fournisse un résultat identique à l'huile d'olive renfermant encore toute la matière concrète (margarine).

L'huile d'olive a perdu par ce traitement 30 0/0 de sa matière grasse; par conséquent elle doit absorber une quantité de force proportionnellement moindre.

Sur ce principe sont basés les différents moyens de préparation de l'oléine pure, que les chimistes les plus éminents ont considérée de tout temps comme le corps par excellence pour le graissage des machines[1].

2. Le traitement par les acides.

Nous citerons d'abord la purification des huiles au moyen de 2 0/0 d'acide, acide sulfurique par exemple, qu'on ajoute dans le but de carboniser seulement les matières étrangères. Mais d'après nos observations il est certain que l'acide réagit en même temps sur la matière grasse (voir p. 17 de ce mémoire, *Partie chimique*). Il y a donc altération de la matière grasse (voir Julia de Fontenelle, p. 244, et brochure *Sur les Pyroléines*, p. 89 et 90). De plus les expériences de Schübler prouvent que l'huile de navette, par exemple, purifiée à l'acide sulfurique devient plus fluide et moins dense (voir p. 11, mémoire *Sur les Pyroléines*). Cette huile absorbe moins de force que les huiles simplement privées des matières étrangères. Mais si 2 0/0 d'acide transforment l'huile en un produit lubrifiant prenant moins de force, il est évident que 4, 6, 8, 10, 15 0/0 d'acide exercent une action plus énergique encore sur elle. En effet, dans ces conditions, l'huile grasse perd une plus forte proportion de matière

[1] Voir mémoire sur *les Pyroléines*, p. 59-61, et documents à l'appui des principes énoncés dans ce mémoire.

grasse encore, elle devient par conséquent moins dense et plus fluide. Sous cet état elle doit absorber moins de force motrice encore que par le traitement de 2 0/0 d'acide. Quand on prend de trop fortes quantités d'acide, l'huile s'épaissit, se saponifie, et il en résulte des produits qui n'ont aucun emploi au graissage des machines. Il ne peut donc pas en être question.

3° Le traitement par les alcalis.

Voici ce que dit F. V. Raspail, *Nouveau système de chimie organique*, t. III, p. 361, § 6:

« Action de la chaleur sur les huiles, n° 3750... On savait en« core qu'en distillant une huile grasse avec le double de son « poids de chaux éteinte à l'air, on peut *atténuer l'épaisseur de « cette huile jusqu'à lui communiquer l'aspect d'une huile essen« tielle !* N° 3451. Or si la chaleur produit des effets sur les « huiles seules, il doit paraître évident que les produits seront « analogues, quand on *soumettra ces substances grasses à la « chaleur dans un menstrue quelconque.* »

Il paraît évident que les huiles grasses (et il va sans dire qu'on choisirait des huiles à bon marché, huile de coton brut, huile de colza brut, résidus d'huile etc., résidus de matières grasses liquides ou solides quelconques, matières grasses solides à bon marché), distillées sur de la chaux, peuvent être transformées *en huiles essentielles;* que dans cet état elles absorberont moins de force motrice que les huiles grasses avant la transformation. Or les huiles essentielles ont la fluidité de l'eau, elles sont plus fluides encore que, par exemple, l'essence de lavande, de rose etc. Ce seront sans doute des huiles comme, entre autres, l'huile de térébenthine, *les huiles minérales légères* etc. Dès lors il est incontestable qu'elles prendront même moins de force que les huiles minérales elles-mêmes, et ce ne sera pas un produit cher, puisqu'il est le résultat des matières grasses à bon marché, des *résidus* de toute espèce de matières grasses.

4. Le traitement par les fluidifiants ou par les moyens qui consistent à fluidifier une huile grasse, telle que le colza, par exemple,

par une huile plus fluide ou par tout autre liquide plus fluide et également soluble dans l'huile grasse, telle que les huiles minérales. Les alcools, les éthers, les essences, le sulfure de carbone, l'essence de térébenthine, l'essence de mirbane, l'huile légère (huile minérale légère, huile minérale pour éclairage) etc. sont ou trop chers ou trop volatils, et auraient à la longue une action sur l'économie animale. Les essences surtout exerceraient une action nuisible sur le système nerveux. C'est en raison de ces motifs qu'on fluidifie les huiles grasses par les huiles minérales lourdes, peu volatiles et d'un prix peu élevé. Ce qui les rend encore préférables aux autres produits, c'est qu'elles renferment de faibles proportions de matières grasses. Dès que nous admettons qu'on ajoute simplement les huiles minérales aux huiles grasses afin de les épaissir, et que ce mélange prenne moins de force, nous devons admettre également que toute huile devenant plus fluide absorbera par les mêmes raisons moins de force motrice, qu'on la fluidifie par une huile ou un liquide plus fluide, ou qu'on la modifie ou qu'on la fluidifie en lui enlevant de la matière grasse, soit par un abaissement de température, soit par le traitement à l'acide, soit par la distillation sur la chaux, soit enfin par tel autre procédé.

Après les traitements par lesquels on transforme les huiles absorbant beaucoup de force motrice en des produits lubrifiants prenant moins de force, il convient d'étudier le rôle que jouent dans l'absorption de la force motrice les produits lubrifiants engendrés par la dissolution des agents chimiques en général dans les huiles.

IV. CORPS SIMPLES.

Les corps simples sont-ils des fluidifiants?

Les corps simples qui se dissolvent dans les huiles sont en petit nombre; ce sont:

Le soufre, le phosphore, le félénium, le chlore, l'iode.

Le soufre se dissout dans l'huile bouillante et l'épaissit.

Les huiles chlorées et iodées prennent aussi plus de consistance, mais à un degré bien moindre que l'huile soufrée.

En conséquence les huiles grasses, devenant plus épaisses en se combinant aux corps simples, absorberont plus de force motrice que les huiles à l'état naturel.

Les acides sont-ils des fluidifiants eu égard aux huiles grasses? Oui, les acides concentrés, tel que l'acide sulfurique par exemple, même dans les proportions de 1 sur 100. F. V. Raspail (*Nouveau système de chimie organique*, p. 357, § 3, n° 3752) prouve que le magma blanc résultant de la réaction de l'acide sur l'huile donne par l'ammoniaque un précipité plus ou moins floconneux et *gras*, qui n'est formé que d'*huile altérée*. En conséquence l'huile, perdant, sous l'influence de ce traitement, de la matière grasse, devient plus fluide et moins grasse.

« L'acide chlorhydrique et l'acide nitrique produisent les « mêmes effets sur les huiles que l'acide sulfurique.

« Plusieurs acides végétaux se dissolvent dans les huiles sans « leur faire subir aucune altération sensible.

« L'acide arsénieux se dissout dans les huiles en les épaissis- « sant et en les rendant plus claires et plus pesantes. »

Nous pouvons conclure de ces expériences que les acides énergiques sont des fluidifiants et qu'il existe des acides, tel que l'acide arsénieux par exemple, qui sont de véritables épaississants, et que dans le premier cas les huiles absorbent moins de force motrice et dans le second plus de force motrice.

Les bases sont-elles des fluidifiants?

Non, les bases sont des épaississants, elles saponifient les huiles ou bien elles s'y dissolvent simplement, dans de certaines conditions, et en proportions variables, en les saponifiant incomplétement, mais toujours en les épaississant.

Exemple : les alcalis ; les oxydes métalliques ; les alcalis végétaux.

En conséquence, puisque les bases épaississent les huiles, les produits qui en résulteront, absorberont plus de force motrice.

Les sels sont-ils des fluidifiants ?

Nous pouvons admettre en principe que les sels se comportent avec les huiles comme leurs bases seules. Font exception à cette règle le sel marin, le chlorure de soufre, le chlorure d'arsenic, le chlorure de phosphore.

Exemple du premier cas : le carbonate de potasse, le bicarbonate de potasse, les sels métalliques, tels que le nitrate de cuivre, l'acétate de plomb etc.

Les sels agissant comme les bases seules, et les bases seules épaississant les huiles, il est évident qu'ils épaissiront les huiles, et que par conséquent ces dernières absorberont plus de force motrice.

Nous avons déjà dit que les essences, l'alcool, l'éther, les huiles minérales, l'essence de térébenthine etc. sont des fluidifiants.

Est-ce que les résines, les gommes-résines, les baumes sont des fluidifiants ?

Non, l'expérience prouve que les résines, les gommes-résines et les baumes, en se dissolvant dans les huiles, les épaississent; par conséquent les huiles ainsi traitées absorberont plus de force motrice.

Exemple : la colophane, le galipot, le bitume, la gomme ammoniaque, le baume de tolu. Les cires, la paraffine, la stéarine ou plutôt l'acide stéarique, l'acide margarique etc. sont également des épaississants.

En modifiant une huile grasse d'après les procédés qui viennent d'être décrits, nous pouvons affirmer maintenant à l'avance que :

1° L'huile conservera sa consistance primitive;

2° Ou qu'elle deviendra plus fluide;

3° Ou qu'elle s'épaissira.

Dans le premier cas il nous paraît évident qu'elle n'absorbera ni plus de force ni moins de force que l'huile non modifiée. Dans le second cas, le contraire a lieu : elle prendra moins de force que l'huile non modifiée, et sous ce rapport elle se rapprocherait des huiles minérales et essentielles. Mais ni l'un ni l'autre de ces produits ne peuvent servir à épaissir les huiles minérales, parce que ce ne sont point des épaississants. Il ne reste donc plus que le troisième cas, c'est-à-dire le cas où l'huile modifiée devient plus épaisse et pourrait servir d'épaississant aux huiles minérales. Il est donc évident que dans ce dernier cas seul il y aurait de l'intérêt à modifier une huile grasse.

En effet, que signifie une huile modifiée conservant sa consistance primitive, et ne présentant point d'avantage sous le rapport de la force motrice? Et pourquoi modifier une huile grasse en la rendant plus fluide, alors que les huiles minérales remplissent parfaitement ce but?

Nous avons embrassé d'un coup d'œil la chimie entière, et il résulte de cet examen rapide que le moyen le plus naturel de fluidifier les huiles, sans les altérer, consiste à les purifier des matières étrangères. Abstraction faite de ce procédé, tout autre traitement chimique *dénature* ou *modifie* l'huile. Le mode épuratoire est aussi celui qui offre le plus d'économie, parce qu'il débarrasse simplement les huiles des matières étrangères, tandis que le traitement par les autres procédés occasionne une perte d'huile.

Il ne reste plus qu'à examiner les différentes huiles employées au graissage des machines, soit à l'état pur, soit à l'état brut, et à comparer la force absorbée par elles dans les deux cas.

V. DES HUILES MINÉRALES ET DES HUILES GRASSES CONSIDÉRÉES AU POINT DE VUE DE L'ABSORPTION DE LA FORCE MOTRICE.

Nous n'avons pas à nous préoccuper de la fabrication des huiles minérales. Les différents modes suivis à cet effet ont été décrits par Dumas, Payen, E. Kopp etc. (Voir *Mémoire sur les Pyroléines*, p. 67-69)[1].

Règle générale: ces procédés se ressemblent et peuvent se résumer en cinq opérations principales, qui sont:

1° La calcination;

2° La distillation;

3° Le traitement par l'acide sulfurique;

[1] A. Payen, *Précis de chimie industrielle;* édition de 1859, t. II, p. 678-693. A. Dumas, *Traité de chimie appliqué aux arts*, t. III, p. 304-320. M. E. Kopp, *Moniteur scientifique*, 1860, 86e livraison, 15 juillet.

Voici le procédé d'après lequel on fabrique généralement les huiles minérales: Les matières terreuses sont réduites en poudre fine sous une meule, ensuite elles sont introduites dans de grands cylindres tournants en fonte, qu'on porte au rouge. L'expérience a prouvé que la calcination de la matière organique a lieu d'une manière parfaite dans les cylindres mobiles, tandis que dans les cylindres fixes, le centre des substances organiques reste inattaquable. Comme la flamme circule autour des cylindres, les molécules, par suite du mouvement rotatoire, sont pour ainsi dire toujours en contact avec la surface intérieure du cylindre, de sorte qu'elles subissent une destruction complète. A ce degré de température, les matières organiques sont décomposées, il distille un liquide brun noirâtre laissant déposer une grande quantité de goudron. L'huile obtenue par cette première opération, prend le nom d'*huile brute;* on la débarrasse de l'excès de goudron en la battant avec de l'acide sulfurique concentré. Cette opération se fait dans une grande caisse en bois, où le liquide est mis en mouvement au moyen d'une roue. On sature ensuite l'acide par une solution concentrée de carbonate de soude. Après ce traitement on distille de nouveau l'huile minérale: il passe une huile beaucoup moins colorée que la première, et qui par la rectification fournit un produit dont la couleur se rapproche de celle des huiles grasses. Il distille deux sortes d'huile, une huile légère passe en premier lieu, on lui donne le nom d'*essence;* elle est incolore et s'appelle dans le commerce *huile minérale* pour l'éclairage. L'huile qui distille la dernière est ce qu'on nomme l'*huile lourde;* c'est celle qui est employée pour le graissage des machines.

Les huiles de schiste et de boghead sont très-fluides, de couleur tantôt noirâtre, tantôt brun rougeâtre, selon le procédé d'après lequel elles sont obtenues. Elles contiennent, comme les huiles minérales en général, beaucoup de paraffine, substance indifférente ne jouissant point de propriétés lubrifiantes. Cette paraffine est employée pour la fabrication des bougies diaphanes et brûle parfaitement. C'est à elle que les huiles minérales doivent en partie leur consistance Elle s'y maintient en dissolution en été et se dépose en majeure partie en hiver L'huile de boghead contient plus de paraffine que l'huile de schiste.

4° La saturation de l'acide par un alcali;

5° La rectification.

Font exception à cette règle : les huiles qui jaillissent naturellement du sein de la terre, comme l'huile minérale de Bechelbronn, les huiles provenant d'Amérique (voir *Moniteur scientifique* du docteur Quesneville, numéro du 1er décembre 1862, p. 759, article de M. E. Kopp, intitulé: *Sur les huiles minérales naturelles et spécialement celles d'Amérique*). Ces huiles ou bien se clarifient par le repos, ou bien exigent une simple rectification et le traitement par l'acide sulfurique et la soude caustique, traitements qui varient selon le degré de pureté de l'huile.

Dès que la matière première nous est fournie par les fabricants d'huile minérale, il ne nous reste donc plus que de songer aux moyens de l'épaissir ou de lui donner la consistance convenable pour qu'elle puisse être employée avantageusement au graissage des machines. Or, comme il n'existe pas de procédé pour transformer l'huile minérale elle-même en une huile de consistance plus épaisse que par l'addition d'autres corps qui s'y dissolvent, tels que les corps gras par exemple, il s'agit avant tout de purifier ces derniers et de les rendre inoxydables. C'est, selon nous, le seul moyen d'avoir une bonne huile de graissage. En effet, les huiles minérales associées à des huiles grasses pures ne forment d'autre cambouis *que celui provenant des matières étrangères* de l'huile minérale elle-même.

Comme elles sont composées simplement de carbone et d'hydrogène, il est facile de s'expliquer leur inoxydabilité à l'état de pureté par faite. Mais ce privilége n'est plus qu'illusoire du moment que les huiles minérales renferment des impuretés en dissolution. En pareil cas elles sont excessivement nuisibles au graissage des machines, et les huiles grasses, quelqu'impures qu'elles soient, leur seraient bien préférables, parce que les matières mucilagineuses ne déteriorent point les machines à l'exemple des matières goudronneuses. En raison de ces motifs il faut toujours donner la préférence à une huile minérale contenant le moins de ces matières goudronneuses ou bitumineuses, qui ont une grande tendance à s'oxyder, et qui provoquent en même temps l'oxydation de l'huile minérale elle-même. De même encore, et ce fait est incontestable, les huiles minérales s'oxydent sous l'influence des matières étrangères, à l'exemple des huiles grasses, seulement les produits auxquels elles donnent naissance ne sont pas les mêmes, et ne peuvent être les mêmes. En effet, les huiles grasses et les huiles minérales sont des produits de composition chimique entièrement différente. Il va sans dire que de même que les huiles grasses se comportent autrement pendant l'action du graissage (voir p. 15) qu'à l'air libre, les huiles minérales aussi sont dans le même cas et le même principe leur est applicable. Les huiles minérales ne sont donc inoxydables qu'à la condition d'être chimiquement pures. Mais outre qu'il est indispensable de choisir pour le graissage des machines des huiles minérales privées de matières étrangères, il faut également veiller à ce qu'elles soient exemptes d'acide, de l'acide sulfurique par exemple, dont on fait usage pour éloigner le goudron. Elles ne doivent pas contenir non plus d'alcalis libres, tels que, par exemple, soude ou potasse, qui ont servi à saturer les acides. Il est tout aussi important de s'assurer qu'elles sont entièrement débarrassées de la paraffine, substance neutre qui épaissit l'huile, mais qui ne graisse point, absorbe inutilement de la force motrice, et concourt évidemment à la formation du cambouis. Il est facile de découvrir la présence de ce corps : il suffit de remplir un tube fermé à une extrémité avec de l'huile minérale et de le plonger dans un mélange frigorifique de glace et de sel marin, par exemple. La paraffine se déposera au fond du tube, et l'huile minérale surnagera. La présence de l'acide sulfurique se reconnaît aisément, soit au papier de tournesol, soit au moyen de l'oxyde barytique, et les alcalis par leurs réactifs propres. Le goudron est décelé par tous les agents oxydants et la distillation. Quand on fait usage de ce dernier moyen, il faut ne pas oublier que les huiles minérales distillées jusqu'au dernier atome et redistillées, déposent toujours du goudron; mais le praticien saura toujours évaluer approximativement la quantité de goudron fournie, soit par la distillation d'une huile bien rectifiée, soit par la distillation d'une huile imparfaitement purifiée et mal rectifiée. La coloration des huiles minérales peut, jusqu'à un certain point, guider l'acheteur; ainsi les huiles noirâtres, rougeâtres, sont d'ordinaire souillées encore d'un grand nombre de matières étrangères, soit bitumineuses, soit autres. Il est essentiel aussi de ne pas choisir des huiles trop fluides, celles-ci se rapprochent trop des essences, renferment peu de matière grasse ou de matière lubrifiante, exigent relativement plus d'épaississant, et auraient l'inconvénient des essences en général, de ne point graisser, de donner lieu à des incendies, et si l'huile était volatile, ou renfermait de l'huile légère, appelée aussi *essence*, d'avoir une action sur l'économie animale. Le point d'ébullition ou le degré auquel distillent les huiles minérales doit, dans de pareilles circonstances, être déterminé rigoureusement. La densité peut aussi être d'un grand secours; cependant les personnes qui ne voudraient point y recourir n'auraient qu'à distiller une petite quantité d'huile: le produit de la distillation rectifié serait inflammable, et brûlerait à la manière des essences ou huiles légères. Quant à l'odeur, elle est *sui generis*, il est impossible de les en priver complétement. On pourrait la masquer par des essences, mais ce sont des moyens peu recommandables, parce que les essences exercent une action nuisible sur le système nerveux, et pourraient donner lieu à la longue à des inconvénients très-graves. Mieux vaut donc les employer à l'état naturel, sans mélange d'aucun autre produit odoriférant. Les fraudes auxquelles les huiles minérales sont sujettes sont fort nombreuses; il est donc essentiel pour le fabricant d'acheter de la matière première pure, et de se méfier surtout du mélange des huiles de résine dont le prix n'est que de 20, 30, 40 fr. les 100 kilogrammes. Les huiles de résine sont obtenues par la distillation des résines à bon marché, telles que le galipot, la colophane etc.; elles sont liquides ou solides, et elles sont solubles dans les huiles grasses et dans les huiles minérales, auxquelles on les ajoute pour les épaissir. Un pareil produit, s'il n'est pas vendu sous la dénomination expresse de : *Mélange d'huile minérale et d'huile de résine*, constitue une falsification punissable par la loi, le vendeur ayant trompé l'acheteur sur la nature et la qualité de la marchandise (art. 423 du Code pénal). Les résines, l'acide oléique, l'huile de lin sont aussi journellement employés à falsifier les huiles minérales. Pour reconnaître ces fraudes, il suffit de distiller à une douce chaleur une certaine quantité d'huile minérale falsifiée : l'huile minérale volatile passe en premier lieu. On arrête la distillation quand la majeure partie de l'huile minérale a passé. Le résidu de la distillation donne par la saponification des savons de résine (résinates), des savons composés d'acide oléique (oléates), d'acide linoléique (linoléates), faciles à reconnaître par leurs propriétés caractéristiques. Si, au lieu de recourir à la saponification, on pousse la distillation plus loin, on obtient les produits de décomposition de ces corps; l'acide oléique se transformera en acide sébacique, l'huile de lin dégagera de l'acroléine, l'huile de résine passera sous forme d'huile de résine, les résines fourniront des huiles de résine. Enfin, il existe encore différents moyens de reconnaître la présence de ces corps, qu'il serait trop long d'indiquer ici. Les huiles de coton, de ravison, d'arachide, et les huiles grasses à bon marché en général seront reconnues à leurs caractères spécifiques. Mais la marche générale à suivre est toujours ou l'évaporation, ou la distillation, ou la saponification, ou l'emploi des mélanges réfrigérants. L'on peut aussi utiliser avec avantage l'examen des huiles par la glace et les mélanges frigorifiques à l'aide du thermomètre (voir brochure sur les *Pyroléines*, p. 15).

Par ce mélange réfrigérant on découvre en même temps les essences ou produits volatils qui ne se solidifient par aucun abaissement de température.

En supposant donc que nous ayons fait choix d'une huile minérale parfaitement bien fabriquée, exempte surtout d'huile légère, de consistance aussi épaisse que possible, et d'une pureté irréprochable, il ne s'agit plus que de l'épaissir et de la rendre inoxydable. Je le répète, il est encore nécessaire de rendre l'huile minérale inoxydable. Ceci demande une explication, parce que nous avons admis qu'à l'état de pureté parfaite elle est déjà inoxydable. Nous l'admettons encore; mais cette inoxydabilité n'a lieu que dans les circonstances ordinaires. Or, pendant l'action du graissage, les huiles se trouvent dans des conditions différentes : la grande quantité de chaleur développée, le renouvellement continuel de l'air, l'électricité, la pression sont des agents d'oxydation tellement énergiques que, soumises à leur influence, elles subissent des transformations successives. Ainsi l'inflammation des huiles minérales pendant l'action du graissage est un exemple frappant d'une oxydation de ce genre. Évidemment, si l'huile minérale était moins fluide, si elle avait la consistance des huiles grasses, elle ne subirait plus l'influence de ces agents, ou bien elle la subirait à un degré infiniment moindre. De là la nécessité de l'épaissir, afin de la soustraire à ces divers éléments destructeurs, et de la rendre inoxydable en lui conservant ses propriétés primitives. A cet effet il est indispensable avant tout de faire usage d'une huile solidifiée, débarrassée de toutes les matières étrangères. Là réside le grand problème à résoudre. Il faut que l'huile soit solidifiée par les principes développés (p. 37 de ce Mémoire), et il faut qu'elle soit pure et inoxydable, parce que tous les inconvénients qui résultent de l'emploi des huiles minérales au graissage des machines proviennent principalement des huiles ordinaires, impures et oxydables ou résinifiables. Nous indiquerons maintenant le procédé à suivre pour épaissir les huiles minérales. Il ne sera pas question des hydrocarbures légers parce qu'ils ne conviennent point au graissage des machines et que les hydrocarbures lourds ou les huiles lourdes sont seuls employées à cet usage, soit parce que ces substances sont moins volatiles que les huiles légères, soit parce qu'elles ont plus de consistance que ces dernières et qu'elles renferment en outre de la matière grasse[1].

VI. PROCÉDÉ DE NOTRE INVENTION POUR ÉPAISSIR LES HUILES MINÉRALES.

Les huiles minérales, ainsi que nous venons de le démontrer, renferment de la matière grasse, mais dans des proportions si faibles qu'elles sont en général encore trop fluides pour pouvoir être employées sous cette forme au graissage des machines. Le défaut capital qu'elles présentent est de ne point adhérer suffisamment aux organes mécaniques, d'exiger un graissage trop fréquent, de s'oxyder avec une grande rapidité et de s'échauffer au point de s'enflammer. En raison de ces inconvénients nombreux il est indispensable de les épaissir avec des corps gras. Mais lorsqu'on les épaissit, elles se rapprochent de plus en plus des huiles grasses, et absorbent alors par cela même plus de force motrice qu'à l'état primitif ou qu'à l'état naturel. Il n'est donc pas indifférent de les épaissir de telle ou telle manière. Il faut que l'huile minérale épaissie possède les propriétés suivantes:

1° Elle doit avoir la consistance des huiles grasses pour éviter un graissage trop fréquent;

2° Elle doit absorber moins de force motrice que les huiles grasses;

Il est clair qu'il est impossible d'épaissir les huiles minérales simplement par l'addition des huiles fixes, et de leur donner par ce simple mélange la consistance des huiles grasses. N'est-il point évident qu'en ajoutant, par exemple, à une quantité d'huile de colza, d'olives, seulement quelques gouttes d'huile

[1] Voir documents à l'appui des principes énoncés dans ce mémoire.

minérale, l'huile d'olives, de colza perdent leur consistance primitive? Tels sont cependant les procédés employés jusqu'à ce jour pour épaissir les huiles minérales, procédés fort simples et surtout très-lucratifs; car les huiles dont on se sert généralement pour épaissir les huiles minérales sont: la graisse de cuisine, la graisse de cheval, la graisse d'os, le saindoux, la stéarine, les huiles de poisson, d'arachide, de sésame, de colza, de coton, de ravison etc., et, chose incroyable, l'huile de lin, l'huile de résine, la paraffine, les résines elles-mêmes!

Ces huiles naturellement n'ont point été purifiées et renferment encore tout le déchet, et quoiqu'elles soient trop fluides, elles contiennent encore de grandes quantités de corps gras, qui augmentent évidemment le pouvoir absorbant des huiles minérales; car plus on ajoute d'huile grasse à une huile minérale, plus aussi sa cohésion augmente, et comme l'huile grasse par cela même absorbe beaucoup de force motrice, on obtient une huile de graissage qui s'éloigne du principe qu'on s'était proposé en employant les huiles minérales (voir brochure *Sur les Pyroléines*, p. 21).

Il ne suffit donc pas de mélanger simplement les huiles minérales avec des huiles grasses; il faut, pour qu'elles possèdent les propriétés énumérées à la page 21 de ce Mémoire, les associer à un *épaississant*. Le nom d'*épaississant* explique suffisamment le but auquel on veut arriver, qui est de rapprocher sous un petit volume une grande quantité de matière grasse, capable de se dissoudre ensuite dans les huiles minérales, afin de leur donner des consistances *ad libitum*.

Voici ce que pratiquent d'ordinaire les fabricants qui font leur mélange eux-mêmes:

Ils prennent huile minérale . . . . . 1 partie.
Huile grasse . . . . 2 à 3 parties.
Selon la consistance de l'huile minérale, par exemple huile minérale de Lobsann . . 400 kilogr.
Huile d'olives. . . . . 800 à 1200 »

Les fabricants d'huile opèrent de la même manière; seulement, au lieu d'épaissir l'huile minérale avec de l'huile d'olives, ils prennent des huiles et des graisses à bon marché, telles que : les huiles de coton, de colza, de ravison, de sésame, d'arachide etc.

En prenant un épaississant fabriqué suivant notre procédé avec une huile grasse, ou en préparant une pyroléine solide, il faut pour épaissir, par exemple, 400 kilogr. d'huile minérale :

Pyroléine solide . . . . 150 kilogr.

Cette pyroléine solide est de l'huile débarrassée de toutes les matières étrangères, c'est-à-dire pure et inoxydable (voir mémoire *Sur les Pyroléines*, p. 50).

Elle se dissout complétement dans les huiles minérales et possède les propriétés nécessaires pour le graissage des machines (voir mémoire *Sur les Pyroléines*, p. 69).

L'épaississant étant de l'oléine seulement et dans son plus grand état de pureté, ne se sépare jamais de l'huile minérale; elle y est entièrement soluble, soit à froid, soit à chaud. On a essayé de faire usage, en guise d'épaississant, de suif, d'axonge et d'autres corps gras solides de cette espèce à l'état impur et oxydable. Or ces corps gras étant composés en majeure partie de principes solides, tels que : stéarine, margarine, l'expérience prouve que l'oléine se dissout, la stéarine et la margarine se précipitent. Or cette oléine impure n'épaissit pas plus que les huiles grasses ordinaires ; en outre le déchet formé par la précipitation de la margarine et de la stéarine est fort considérable, de sorte que ce procédé donnerait lieu à une grande perte de matière grasse facile à évaluer en chiffres. Il est évident que les huiles minérales épaissies au moyen de la pyroléine solide absorberont moins de force motrice que d'après les méthodes anciennes, qui consistent à prendre deux ou trois parties d'huile grasse pour une partie d'huile minérale. Cela s'explique facilement, parce que sous le même volume les deux huiles renferment des quantités variables de matière grasse ayant servi à les épaissir.

Ainsi, d'après l'ancienne méthode, pour épaissir 400 kilogr. d'huile minérale, on prend 800 kilogr. d'huile grasse, tandis que suivant notre procédé au moyen de la pyroléine solide, il ne faut que 150 kilogr. d'huile grasse.

C'est donc un procédé rationnel qui permet au fabricant de transformer les huiles minérales en huile de graissage avec la plus petite quantité possible de matière grasse. Épaissies ainsi, elles donnent à peu près les mêmes avantages sous le rapport de la force motrice qu'à l'état pur. En même temps le fabricant réalise une grande économie sous le rapport du prix, vu que les huiles minérales sont beaucoup moins chères que les huiles grasses. Ensuite ce produit, en raison de sa consistance, n'exige pas un graissage plus fréquent que celui que nécessitent les huiles grasses, et en raison de sa pureté elle lui offre les avantages des pyroléines en général. Il suffit, pour démontrer cette vérité, d'établir un parallèle entre l'huile pure et l'huile brute.

VII. COMPARAISON ENTRE L'HUILE PURE ET L'HUILE BRUTE AU POINT DE VUE DE L'ABSORPTION DE LA FORCE MOTRICE.

Les huiles pures absorbent-elles moins de force motrice que les huiles impures ou à l'état naturel?

Nous avons démontré que les huiles brutes renfermant en moyenne 2 à 4 0/0 de matières étrangères, nous ne pouvons par conséquent pas admettre en principe qu'une huile qui n'en contient point puisse donner le même résultat, soit au dynamomètre, soit aux machines. Nous croyons donc que toutes les fois que les huiles renferment plus ou moins de matières étrangères, elles doivent proportionnellement absorber plus ou moins de force motrice.

Il est vrai que les huiles débarrassées des matières étrangères deviennent plus grasses. Dès lors il paraît naturel de croire qu'une huile débarrassée de 4 0/0 de matières étrangères devrait, sous le même volume, être de 4 0/0 plus riche en matière grasse et par conséquent absorber plus de force motrice sous le même volume. Je le répète, je suis persuadé qu'une huile pure devient plus grasse et absorbe, par ce motif, plus de force motrice qu'une huile brute. Cependant l'expérience prouve qu'une huile impure absorbe plus de force motrice qu'une huile pure, ce que nous expliquons de la manière suivante : nous admettons qu'au moment où l'huile impure s'oxyde ou forme du cambouis, c'est alors qu'elle absorbe plus de force que l'huile pure. Toute la quantité d'huile employée à graisser se résinifie pendant l'action du graissage, et toutes les matières étrangères, en se séparant d'elle, s'accumulent constamment et s'ajoutent indéfiniment à l'huile de graissage fraîchement versée. Or, comme les huiles s'oxydent pendant l'action du graissage avec une rapidité sans exemple (voy. la brochure *Sur les pyroléines*, p. 16 et 19) et que les impuretés crassent les machines, il arrive que l'huile pure, quoique plus grasse, absorbe bientôt moins de force motrice que les huiles impures. C'est sur ce fait qu'est basée notre manière de voir. Nous pouvons à ce sujet émettre trois opinions différentes:

1° Celle d'où il résulte que les huiles pures absorbent moins de force que les huiles impures, même dès le principe de l'action du graissage;

2° Celle où l'on admet que les huiles pures et les huiles impures donnent le même résultat au dynamomètre;

3° Celle d'après laquelle les huiles pures deviennent plus grasses, absorbent momentanément plus de force motrice que les huiles impures, c'est-à-dire jusqu'au moment où les huiles impures se transforment en cambouis.

Cette dernière opinion est, selon nous, celle qui se rapproche le plus de la vérité. En effet, une fois que la matière grasse a disparu en partie, qu'une autre partie s'est oxydée ou résinifiée, ou transformée en cambouis, est-ce que ce cambouis, auquel on ajoute sans cesse une nouvelle quantité d'huile à graisser, ainsi composé, forme un mélange qui au dynamomètre absorbe la même force qu'une huile pure? Nous ne le croyons pas. L'expérience de tous les jours prouve le contraire, et à partir de la formation du cambouis commence nécessairement aussi le moment où les huiles pures absorbent moins de force motrice que les huiles impures. Au cambouis, résultant de l'oxydation de l'huile, viennent se joindre d'abord l'huile de graissage fraîchement versée, et ensuite, ce qui est incontestable, toutes les matières impures ou étrangères éliminées d'une manière mécanique après la disparition de l'huile de graissage.

Le nouveau mélange se compose donc :

1° D'huile fraîchement versée;

2° De cambouis provenant de l'oxydation ou de la résinification de l'huile de graissage;

3° Des matières étrangères éliminées mécaniquement.

Il résulte de cette explication que les huiles pures, quoique plus grasses que les huiles impures, absorbent moins de force motrice que ces dernières. Ce fait est confirmé par la pratique.

Examinons maintenant quel est le moment le plus favorable pour reconnaître au dynamomètre la différence de force motrice qui existe entre une huile pure et une huile impure.

VIII. DÉTERMINATION DE LA FORCE ABSORBÉE PAR LES HUILES.

Nous ne pouvons mieux fixer le moment le plus favorable pour préciser la quantité de force absorbée par une huile qu'en recherchant d'abord par le calcul le temps qu'il faut pour que le cambouis formé soit appréciable à la balance ou à un instrument de précision quelconque.

Pour trancher cette question, choisissons un exemple. Admettons qu'une filature de dix mille broches consomme, par exemple, 6000 kilogrammes d'huile par an, ce qui ferait 500 kilogrammes par mois et à peu près 16 kilogrammes par jour. Quelle sera la quantité de cambouis formée par 16 kilogrammes d'huile par jour? En admettant que cette huile renferme 2 0/0 de matières étrangères, nous trouvons par le calcul que 16 kilogrammes en renferment 0gr,32. Quelle est la quantité de cambouis formée par l'oxydation de l'huile? Nous l'ignorons. Nous ne parlerons pas non plus des impuretés de l'atmosphère, ni du métal détaché en poudre fine des machines. N'ayant point de données exactes à ce sujet, nous ne voulons pas exprimer en chiffres la quantité de cambouis formée au bout d'un jour.

Dans tous les cas, la quantité de cambouis formée nous paraît très-minime, et, en somme, nous nous demandons s'il existe des dynamomètres assez sensibles pour accuser la présence du cambouis formé dans ces circonstances. Ou, en d'autres termes, pouvons-nous admettre qu'en opérant sur de petites quantités d'huile on trouve une différence appréciable entre une huile pure et une huile impure? Nous croyons que le cambouis ne devient nuisible qu'au bout d'un temps fort long, c'est-à-dire quand il existera en quantité plus notable. Or, comme la quantité de cambouis formée par peu d'huile est insignifiante, nous sommes dans la nécessité ou bien d'opérer sur de grandes quantités d'huile ou bien de continuer les expériences avec la même huile pendant un temps fort long. D'après cela une expérience faite avec un litre d'huile par jour doit nécessairement être continuée pendant quelques mois.

Une expérience bien plus concluante et plus rationnelle consiste à graisser une machine avec 50 kilogrammes d'huile, par exemple, et de l'entretenir en bon état de graissage. Dans ce cas il est essentiel de prendre note de la durée de l'expérience. Quand l'huile sera sur le point d'être épuisée et qu'il ne restera plus que la quantité nécessaire pour le graissage de la machine pendant un jour, c'est alors seulement qu'il faudra constater la quantité de force motrice absorbée. Il va sans dire que cette expérience doit toujours être continuée avec la même huile jusqu'à disparition totale. Nous pouvons conclure de ces expériences que le graissage journalier des machines de filatures, quoique très-long, est une opération régulière et infaillible. Un observateur habile saura toujours en tirer une conclusion certaine, et jamais il n'émettra son avis qu'après plusieurs mois de graissage.

Nous savons bien que dans toutes les filatures on est dans l'habitude de nettoyer les machines, mais nous savons aussi que le nettoyage, tel qu'il se pratique d'ordinaire, est très-incomplet. Ainsi en examinant, par exemple, les collets, on les trouvera toujours souillés de cambouis.

Nous comprenons bien qu'un nettoyage parfait et général entraînerait à une grande perte de temps et de main d'œuvre, et occasionnerait des faux frais considérables. Toutes les fois donc qu'un filateur achètera de l'huile de graissage, ce n'est certes pas au bout d'un jour qu'il pourra la juger! plusieurs mois sont nécessaires pour asseoir un jugement. Si l'essai doit être consciencieux et avoir une valeur quelconque, il faut que la machine soit parfaitement nettoyée, autrement l'on s'expose à des erreurs inévitables, et la conclusion qu'on en tirera sera évidemment fausse. Ainsi supposons qu'un filateur se serve d'une mauvaise huile pendant deux mois, et qu'après ce laps de temps il fasse usage d'une bonne huile. L'huile mauvaise ayant déjà fourni son cambouis, la bonne huile n'aura évidemment pas plus de chance que la mauvaise, elle subira le même sort qu'elle, c'est-à-dire que l'huile pure sera condamnée. Il résulte de ce que nous venons de dire plus haut que l'époque la plus favorable pour constater une différence dans l'absorption de la force motrice entre une huile pure et la même huile impure, n'est pas au commencement du graissage, mais seulement vers la fin, ou au bout de quelques mois.

Nous sommes parfaitement de l'avis des fabricants de choisir de préférence les huiles prenant peu de force, mais il ne faudrait cependant pas croire que toute l'économie et tout le bénéfice se résument dans la seule question de la force motrice. Des intérêts non moins graves et peut-être plus importants sont encore en jeu. Nous voulons parler du bénéfice qui résulte par l'emploi de l'huile pure et inoxydable. Cette question mérite de fixer notre attention et d'être examinée sous toutes ses faces.

IX. PRÉFÉRENCE A ACCORDER A L'HUILE PURE POUR LE GRAISSAGE DES MACHINES.

Admettons maintenant qu'une huile brute fournisse, quant à la force motrice, les mêmes résultats, soit au dynamomètre, soit aux machines, qu'une huile pure ou débarrassée des matières étrangères, nous prétendons qu'abstraction faite de la force motrice, l'huile pure doit toujours mériter la préférence sur l'huile impure au graissage des machines. Voici les principaux motifs qui viennent à l'appui de cette opinion. Les huiles ordinaires oxydables renferment encore toutes les matières étrangères, ce qui en moyenne a été évalué de 2 à 4 0/0 au moins, de sorte que le prix des huiles s'élève nécessairement suivant ce rapport. Ainsi si nous achetons 1000 kilogrammes d'huile de graissage au prix de 150 fr., par exemple, ces 1000 kilogrammes d'huile ne représentent réellement que 1000 kilogrammes — 2 0/0 de matières étrangères. Le déchet total est réellement 4 0/0, (voir p. 11 et 12 de ce Mémoire; partie chimique); mais, pour éviter toute discussion à ce sujet, supposons qu'il ne soit que de 2 0/0, minimum incontesté, c'est-à-dire 980 kilogrammes à raison de 1 fr. 50 c. le kilogramme.

Les 1000 kilogrammes au lieu de coûter 1500 fr., reviennent à 1530 fr. Mais cette augmentation de prix ne serait pas encore fort importante, si ces matières étrangères, en s'oxydant au contact de l'air, ne provoquaient pas en même temps l'oxydation de l'huile elle-même (voir rapport de M. Kopp *sur les Pyroléines, Moniteur scientifique*). Tous les chimistes sont d'accord sur ce fait. Ensuite, comme les matières mucilagineuses ne graissent point, elles engorgent les machines en se déposant sur elles et les détériorent, (voir brochure *Sur les Pyroléines*, p. 23). Mais le principal inconvénient de ces huiles est d'être oxydables et de se transformer en cambouis, car la formation de cette substance engorge, échauffe et détériore les machines, entrave la légèreté de leur marche, nécessite un nettoyage plus fréquent et entraîne une grande dépense de temps. Mais là ne s'arrêtent pas les inconvénients des huiles impures; leur facile oxydation donne souvent lieu aux inflammations spontanées (voir E. Kopp, *Rapport sur les Pyroléines;* voir les observations de Ed. Schwartz; voir Dumas, *Traité de chimie appliquée aux arts, partie organique*, vol. II, p. 23). En réfléchissant à tous les inconvénients résultant de l'emploi d'une huile brute, nous nous demandons quels avantages on trouve à se servir d'un mélange composé d'huile minérale et d'huile grasse à l'état impur, mélange trop fluide d'abord et donnant lieu aux mêmes résultats fâcheux que les huiles impures en général, usure des machines etc.

En résumé, de l'emploi des huiles impures, il résulte :

1° Une perte d'huile ;

4° Une perte de temps ;

2° Usure des machines ;

3° De fréquents arrêts des machines ;

5° Une production moindre causée par l'interruption du travail.

En conséquence, en admettant qu'une huile pure prenne autant de force qu'une huile impure, il est incontestable et incontesté qu'en raison des nombreux avantages qu'elle offre, elle serait toujours préférée à l'huile impure. En effet, en prévenant l'usure des machines, elle procure au fabricant une économie plus grande que celle qu'il réalise par l'économie de force motrice. Supposons maintenant par impossible qu'une huile brute absorbe moins de force qu'une huile pure, je dis que si l'économie de force motrice ne compense pas la perte occasionnée par l'usure des machines, l'huile pure mérite encore la préférence sur elle.

Il est donc bien évident que si le fabricant ou le consommateur a avantage de faire usage d'un produit à l'état naturel ou à l'état brut, à plus forte raison doit-il en trouver en se servant d'un produit pur. C'est chose naturelle, et en admettant le contraire, il faudrait, pour être conséquent avec ce principe, choisir à cet effet l'huile la moins pure et la rendre aussi impure que possible en y dissolvant encore des impuretés.

Ayant ainsi démontré les avantages de l'huile pure au point de vue de la force motrice et de l'économie, nous devons rechercher si elle ne crasse point. Cette question est fort importante, aussi sera-t-elle de notre part l'objet d'un examen sérieux.

X. EXAMEN DES HUILES PURES AU POINT DE VUE DE LA FORMATION DU CAMBOUIS.

Une huile pure crasse-t-elle ou, ce qui est la même chose, une huile privée des matières étrangères, soit en suspension, soit en dissolution, c'est-à-dire une huile chimiquement pure, crasse-t-elle? et si elle crasse, crasse-t-elle autant que la même huile renfermant encore toutes les impuretés ou matières étrangères?

Cette question n'est pas aussi simple qu'elle le paraît de prime-abord, et l'on pourra toujours dire, même en parlant d'une huile chimiquement pure, qu'elle crasse, et cela par les motifs suivants :

1° Parce que le graissage des machines a lieu dans un local qui certes n'est pas à l'abri des impuretés de l'atmosphère, impuretés qui, en se mêlant à l'huile pure, concourent à la formation du cambouis;

2° Parce que l'évaporation de la matière filamenteuse contribue aussi à la formation du cambouis;

3° A cause de la coloration noire des huiles de graissage, coloration provenant des organes mécaniques ou du métal lui-même, qui se détache par la friction sous forme de poudre impalpable et en si petite quantité qu'elle est pour ainsi dire inappréciable à la balance après la calcination de l'huile (voir brochure *Sur les Pyroléines*, p. 76).

Voilà donc déjà plusieurs causes qui contribuent à souiller une huile pure, et dès lors elle doit nécessairement crasser, mais évidemment relativement moins qu'une huile impure. Ainsi, en lubrifiant les organes mécaniques avec 100 kilogrammes d'huile brute ou soutirée, nous obtiendrons un résidu ou déchet calculé en moyenne à 4 0/0, c'est-à-dire 4 kilogrammes, plus le déchet formé par les matières étrangères provenant de l'atmosphère et du déchet de coton (ou matière filamenteuse) et du métal détaché par friction, déchet que nous évaluerons à x.

Le déchet total formé par 100 kilogrammes d'huile brute et augmenté du déchet provenant de l'atmosphère, du déchet de coton et du métal détaché par friction est donc de :

4 kilogrammes + x.

Lorsqu'on graisse les organes mécaniques avec 100 kilogrammes d'huile pure, le déchet ne sera formé que de matières étrangères provenant de l'atmosphère, du déchet de coton et du métal détaché par friction.

Le déchet total peut donc être exprimé, relativement à l'huile pure, par x.

Si nous admettons que x représente 1/2 0/0 de déchet par 100 kilogrammes d'huile, le déchet formé par l'huile brute sera de :

4 kilogrammes + 500 grammes,

car x, évalué à 1/2 0/0 par 100 kilogrammes = 500 grammes.

Ensemble,	4000	grammes.
+	500	»
Déchet total,	4500	grammes.

Or, si le déchet formé par l'huile brute est de 4500 grammes, celui de l'huile pure est de 4500 — 4000 ou 500 grammes.

A ce déchet il faut ajouter celui formé par l'oxydation de la matière grasse, oxydation reconnue pour les huiles impures. Nous admettrons que la résine formée dans ce cas ne s'élève qu'à 1 0/0, c'est-à-dire 1000 grammes sur 100 kilogrammes d'huile.

Le déchet formé par l'huile brute sera donc :

$$4500 + 1000 = 5500 \text{ grammes.}$$

L'huile pure ne s'oxydant point ne formera qu'un déchet de 500 grammes.

L'huile impure formera donc onze fois plus de déchet que l'huile pure.

Comme l'huile pure, même chimiquement pure, ne peut disparaître sans laisser de traces ou de résidu fixe, il s'agira d'évaluer en chiffres la quantité de matière grasse restée pour résidu. Il est évident que cette supposition s'applique à toute espèce de matière grasse, qu'elle soit pure ou impure. En abordant cette question, nous nous sommes demandé si l'action du graissage est une action purement mécanique ou purement chimique? ou bien si elle est le résultat en même temps d'une action mécanique et d'une action chimique? Si c'est une action chimiqué, quels sont les produits en lesquels se transforme l'huile? sont-ils tous gazeux et volatils, ou se forme-t-il aussi des produits fixes? Si c'est une action mécanique, que devient la matière grasse? où va-t-elle? De quelque manière qu'on envisage la question, que nous admettions que ce soit une question chimique ou une question mécanique, notre avis est que la matière grasse ne peut disparaître sans laisser pour résidu un produit fixe, qui concourt évidemment à la formation du cambouis.

Mais ce produit fixe n'est autre chose que de l'huile simplement épaissie par les matières étrangères provenant du milieu où le graissage s'opère. J'insiste sur ce point, parce que si l'on ne tenait point compte de cette observation, on serait tenté de regarder comme huile impure une huile parfaitement pure, et de l'assimiler ainsi aux huiles brutes. Cette huile épaissie concourt à la formation du cambouis, c'est vrai; cependant comme elle se produit dans les deux cas, c'est-à-dire avec l'huile pure et l'huile impure, il est inutile de l'exprimer en chiffres. Elle se compose :

1° D'huile pure (non oxydée ou résinifiée);
2° De matières étrangères incorporées mécaniquement.

Elle n'est donc point à confondre avec l'huile brute dont la composition est :

1° Huile résinifiée;
2° Matières étrangères incorporées mécaniquement;
3° Matières étrangères renfermées en suspension;
4° Matières étrangères renfermées en dissolution.

Quand on lubrifie les machines avec de l'huile pure épaissie par les matières étrangères, l'adhérence des organes mécaniques n'est point détruite, tandis que le contraire a lieu avec une huile impure épaissie[1]. Sans doute elle fera aller la machine lourdement, mais le même phénomène se produit aussi avec l'huile impure.

En résumé, quel que soit le procédé que l'on propose pour le traitement des huiles de graissage, et quelles que soient les huiles de graissage qu'on adopte, il faudra toujours que ces huiles soient purifiées des matières étrangères. N'est-il point évident, d'après cela, qu'une huile pure doit être préférée à

[1] Ce fait s'explique ainsi : l'huile pure étant inoxydable ne sèche point, et ne peut donner lieu par conséquent, à l'exemple de l'huile impure, à la formation de ce corps dur et tenace, désigné sous le nom de *cambouis*, et que l'on est fort souvent dans la nécessité d'enlever à l'aide d'un ciseau.

une huile brute? Et par les mêmes raisons, une huile pure modifiée doit mériter la préférence sur une huile simplement modifiée et impure, et ce sous le rapport de l'économie, de la conservation des machines et de la légèreté de leur marche. En admettant même que l'huile pure et l'huile pure modifiée prennent autant de force que l'huile brute et l'huile brute simplement modifiée, il reste néanmoins incontestable que ces huiles pures préviennent l'usure des machines, et procurent ainsi une économie réelle qui, exprimée en chiffres, paraît d'une importance au moins égale à l'économie de force motrice.

XI. CONSTATATIONS PRATIQUES.

Vente de licences particulières[1].

Le 11 juillet 1857 : 1° à MM. Dollfuss-Mieg et Cie, à Dornach.

Le 16 mars 1861 : 2° à MM. Desgranges frères, fabricants à Saint-Bresson et à Raddon, Vosges (filature et tissage).

Le 26 septembre 1862 : 3° à M. J. Bezanson, fabricant à Breuches, Vosges (filature et tissage).

Licences générales[2].

Établissement fondé en 1859 : 4° A. Burgy et Cie, Alsace, Vosges, Suisse et Allemagne.

Établissement fondé le 1er avril 1862 : 5° A. Baudesson, à Reims, Marne, exploite tous les autres départements de la France et la Belgique.

Patente définitive en Angleterre.

6° Exploitée par A. Baudesson de Reims et par l'inventeur.

M. Baudesson, chimiste, manufacturier à Reims, fabrique depuis un an les pyroléines ou huiles inoxydables, d'après notre procédé, avec le plus grand succès dans l'établissement de produits chimiques qu'il dirige avec M. Houzeau. Il était important pour l'inventeur de confier l'exploitation de sa découverte à un homme qui ne fût pas étranger à la science : en effet, comment ce dernier reconnaîtrait-il les nombreuses falsifications auxquelles sont sujettes les huiles ? N'est-il pas de la plus

[1] MM. Dollfus-Mieg et Cie, Desgranges frères, J. Bezanson font usage d'huile minérale épaissie et rendue inoxydable suivant notre procédé.

[2] MM. Alb. Burgy et Cie, Arthur Baudesson vendent de la pyroléine de consistance ordinaire, de consistance double, et de l'huile minérale inoxydable.

haute importance avant tout de pouvoir s'assurer de la pureté des matières premières? Sous ce rapport le chimiste offre donc toute garantie au fabricant. Nous saisissons cette occasion pour rendre hommage à l'intelligence et à l'activité de nos amis MM. Baudesson et Houzeau, persuadé que bientôt leurs efforts seront largement récompensés.

M. Baudesson s'est beaucoup occupé de démontrer les heureux résultats qu'on obtient de l'emploi des pyroléines à l'ensimage des laines. Voici les faits principaux qu'il a signalés :

« 1° Émulsion avec l'eau savonneuse plus intime qu'avec les « huiles du commerce ;

« 2° Dégraissage plus facile, avec économie de savon : la « saponification étant complète, la laine ne peut plus retenir « d'huile ;

« 3° Disparition des inconvénients que donne l'emploi des « huiles d'olives du commerce sur les fils qui sont abandonnés « à l'action de l'air pendant un certain laps de temps, c'est-à-« dire plus de résinification à la surface des fils, plus de feu-« trage (enguichage) ;

« 4° La laine étant exempte de matières étrangères conserve « indéfiniment toute sa blancheur, quel que soit le temps pen-« dant lequel elle est exposée au contact de l'air ou de l'oxygène. « Les huiles pures et inoxydables jouissant seules de cette im-« portante propriété, il en résulte un fait digne de remarque et « sur lequel nous appelons toute l'attention du fabricant de « tissus, à savoir qu'à la teinture les couleurs même les plus « fugaces se fixent avec la plus grande facilité et avec une uni-« formité constante : les fils, comme on dit, ne peuvent plus « barrer.

« M. Baudesson cherche à éveiller l'attention des fabricants « sur les rendements en filature : ce n'est pas au rendement « plus ou moins fort de tel ou tel filateur qu'on doit attribuer la « plus-value de la façon, ces rendements ne sont qu'illusoires : « ce que le fabricant doit chercher, c'est le plus fort rendement

« après le dégraissage. Il est certain que par l'emploi des huiles « impures, qui laissent dans la laine des matières étrangères et « qui en augmentent le poids, le rendement est plus fort *à priori*, « que par l'emploi de l'huile très-pure, qui disparaît complète- « ment, comme il a été dit, par la saponification ; à ce titre la « pyroléine ne peut point donner de poids factice. C'est donc un « abus de prendre pour base de la valeur de la filature le ren- « dement en gras : le rendement final ne doit être estimé qu'a- « près le dégraissage, et si les fabricants comprenaient bien « leurs intérêts, ce n'est qu'ainsi qu'ils devraient procéder dans « l'appréciation qu'ils ont à faire de tel ou tel graissage.

« Il y a ici à lutter contre la routine; M. Baudesson espère « qu'avec le temps ces anciens errements disparaîtront. Suivant « notre ami, l'amélioration à introduire dans le graissage de la « laine devrait venir des fabricants eux-mêmes puisqu'ils sont « les plus intéressés dans la question. Ces Messieurs ne de- « vraient pas mettre le filateur dans la nécessité d'être plutôt « marchand d'huile que filateur, ils devraient augmenter le « prix de la façon et exiger l'emploi d'une bonne huile. De « cette manière ils l'encourageraient à être très-sévère dans le « choix de son huile. Il est loin d'en être ainsi à l'heure qu'il « est : la seule rémunération que le filateur obtient de son tra- « vail, ne vient pour ainsi dire que de la différence qu'il trouve « entre le prix de l'huile qu'il achète et le prix auxquel il la « facture aux fabricants. Dans de pareilles conditions il n'a donc « aucun intérêt à acheter de l'huile pure, dont le prix se rappro- « cherait trop de celui qui lui est accordé comme graissage. »

Récompense obtenue.

Médaille d'argent à l'exposition de Troyes.

Rapports favorables sur les Pyroléines.

a) Par le Comité de chimie de la Société industrielle de Mulhouse. — Séance du 28 novembre 1860, M. Charles Thierry-

Mieg fils, rapporteur (voir p. 22 de ce Mémoire, *Partie chimique*).

b) Par M. E. Kopp (voir le *Moniteur scientifique*, journal des ciences pures et appliquées, publié par le Dr Quesneville, chimiste-manufacturier, à Paris).

Articles sur les Pyroléines publiés par les journaux scientifiques suivants :

(Journaux français).

1° Par le *Répertoire de pharmacie.*

2° Par l'*Union pharmaceutique*, par E. Dorvault; le rédacteur de ce journal ajoute :

« Outre ces emplois pour les arts, qui ont une grande impor-
« tance et qu'il est bon que le pharmacien connaisse, nous
« sommes convaincu que les pyroléines trouveront d'utiles
« applications en pharmacie, soit comme excipients gras, soit
« en intervenant dans les préparations des emplâtres, spara-
« draps ou papiers médicamenteux.»

(Journaux étrangers).

Le journal de Dingler (*Dinglers polytechnisches Journal*).

Le journal de Bœttger ;

Le journal appelé *Die Glocke* (la Cloche);

Noms de quelques fabricants se servant des Pyroléines d'une manière suivie depuis plusieurs années.

MM. Charles Nægely et Cie, à Mulhouse.

MM. Kœchlin-Dollfuss et frères, à Mulhouse.

CONCLUSION.

Le procédé est nouveau et de mon invention.

Il consiste dans l'emploi soit d'une base ou d'un oxyde, soit d'un suroxyde, soit d'un sel métallique, soit d'un oxyde jouant le rôle d'un acide, soit d'un acide dont le radical est un métal, soit enfin d'un sel combiné avec les corps gras à une haute température.

Les huiles traitées suivant ce procédé conviennent de préférence au graissage des machines :

1° Au point de vue de l'absence de cambouis ;

2° Au point de vue de la diminution des frottements ;

3° Au point de vue de l'économie ;

Parce qu'elles sont pures et inoxydables. Or les huiles pures et inoxydables seules possèdent la propriété :

1° De conserver les machines (voir brochure *Sur les Pyroléines*, p. 16-19).

2° De rendre leur marche plus légère (voir même brochure, p. 20-22).

3° De procurer, par les deux raisons précédentes, une économie réelle (voir même brochure, p. 23-24).

Car :

1° Elles ne s'épaississent point pendant l'action du graissage, parce que les huiles ne s'épaississent qu'en absorbant de l'oxygène ;

2° Elles ne forment point de cambouis, parce que le cambouis, sauf les matières étrangères, n'est que le résultat de l'absorption de l'oxygène par les corps gras ;

3° Elles ne s'échauffent point comme les huiles grasses naturelles, parce qu'elles ne s'oxydent point comme ces dernières, l'oxydation des huiles étant (comme il a été dit à l'article *Cambouis*) la cause principale du développement de la chaleur des corps gras;

4° Elles absorbent moins de force motrice, parce que, du moment qu'elles ne s'oxydent pas, elles ne varient point de composition, et qu'ainsi leur état moléculaire ou leur consistance ne change pas;

5° Elles donnent un frottement d'une constance toujours parfaite, parce que toutes les fois que les huiles ne s'oxydent point, leur cohésion ne change point.

Les huiles pures et inoxydables se subdivisent en :

1° Huiles grasses pures, inoxydables, liquides;

2° Huiles grasses pures et inoxydables solidifiées, appelées *épaississants.*

Les deux produits lubrifiants sont employés en remplacement de l'huile de spermaceti, de l'huile d'olive et des huiles grasses en général, l'un à l'état pur, c'est-à-dire sans mélange d'aucun autre produit, tel que huile minérale, et l'autre sous forme d'épaississant.

Le pouvoir épaississant de la pyroléine de consistance solide, par rapport aux huiles grasses ordinaires, est quatre fois plus grand.

Le temps et l'expérience ont consacré la bonté et la supériorité des huiles pures inoxydables.

Par ces motifs, les pyroléines et les huiles minérales inoxydables ont été généralement adoptées en France et à l'étranger.

Documents à l'appui des principes énoncés dans cette brochure.

MATIÈRES ÉTRANGÈRES RENFERMÉES DANS LES HUILES.

3826. « Il est constaté que les huiles et les graisses à l'état « fluide sont susceptibles de dissoudre *des gaz*, *des sels*[1], *des « substances organiques de diverses espèces.* Or lorsqu'on extrait « les huiles des semences végétales ou des organes animaux, il « est impossible qu'on n'extraie pas en même temps les sels et « autres substances qui se trouvent dans les mêmes régions que « l'huile, qu'on ne les mette pas forcément en contact avec « celle-ci, et que par conséquent on n'en facilite pas le mélange ; « tout porte même à croire que ces sortes de mélanges ont lieu « naturellement dans les organes de la plante sous l'influence « des lois de la végétation.

3827. « Mais, une fois ces considérations admises, ne doit-on « pas admettre la conséquence qui en découle, savoir que les « différences spécifiques des huiles doivent être attribuées à la « nature des substances étrangères qu'elles tiennent en disso- « lution ? Sans cette hypothèse, les propriétés caractéristiques « des huiles sont inexplicables. Comment concevoir, en effet, « que des substances dont l'analyse élémentaire offre si peu de « différence et peuvent toutes être considérées comme une com- « binaison de plus ou moins d'hydrogène carboné et d'eau, « exercent sur l'économie animale des effets si divers, que les « unes sont alimentaires et les autres des poisons ou des dras- « tiques plus ou moins violents ?

3829. « L'analogie doit donc porter nécessairement à ad- « mettre que *toutes les huiles sont identiques*, *que leurs diffé- « rences dans la couleur*, *l'odeur*, *les propriétés médicales et « autres ne proviennent que des substances étrangères qui leur*

[1] Observation de F. V. Raspail : On aurait tort de croire que ces sels se retrouveront tous par l'incinération, et que ces substances ne peuvent pas contenir des sels ammoniacaux, parce que leur analyse élémentaire ne donne pas de traces d'azote. L'analyse élémentaire laisse échapper bien d'autres choses.

« *sont associées* » (*Nouveau système de chimie organique*, par F V. Raspail, t. III).

3748. Après avoir établi que les huiles dissolvent du soufre, du phosphore, du sélénium, du chlore, du sel marin, des alcalis végétaux, des chlorures de phosphore, de soufre, d'arsenic, des huiles essentielles, des résines, du sucre etc., il dit :

« Mais si les huiles et les graisses rencontrent ces substances « soit dans les mailles des tissus, soit pendant la durée de leur « extraction, elles les dissoudront aussi facilement que dans nos « laboratoires. Et comme rien ne nous avertira d'avance du mé- « lange, nous serons portés à attribuer à la substance grasse, « comme un caractère distinctif et spécifique, une réaction qui « dans le fait pourra ne provenir que de la présence d'un sel ou « d'une substance étrangère » (F. V. Raspail, t. III, p. 361, n° 3748).

Voici ce que je trouve au sujet de l'épuration des huiles dans le *Nouveau manuel complet du fabricant et de l'épurateur d'huiles*, par Julia de Fontenelle, professeur de chimie, à la p. 208, à l'art. *Dépuration des huiles :*

« Les huiles, telles qu'on les extrait des végétaux, sont plus « ou moins pures, ou, si l'on veut, plus ou moins chargées « d'une substance extracto-mucilagineuse; chez quelques-unes, « cette matière est azotée. Il en est qui sont douées, outre cela, « d'une odeur et d'une saveur particulière, d'autres qui sont « plus ou moins colorées etc. On a tenté divers moyens pour les « amener *à un état voisin* du degré de pureté, en les dépouil- « lant de cette espèce de mucilage, ainsi que de leur odeur, de « leur saveur et de leur principe colorant. Plusieurs procédés « ont été mis en usage, la plupart sont même des modifications « les uns des autres; cependant nous préférons tomber dans « des répétitions que d'oublier les essentiels ; nous dirons ce- « pendant que les principaux moyens consistent dans l'emploi « du charbon, de l'acide sulfurique, de l'eau, de la filtration et « dans le repos. »

Voici comment E. Kopp s'exprime à cet égard dans son article *Sur les Pyroléines* (*Moniteur scientifique*) :

« C'est un fait bien connu que les huiles grasses du com« merce renferment, outre les matières grasses proprement « dites, désignées généralement par les mots *stéarine*, *marga*« *rine*, *oléine*, diverses autres substances, les unes azotées, « d'autres non azotées, telles que de l'albumine, de la caséine, « des fragments de tissu cellulaire, des substances colorantes et « résineuses etc.

« C'est à ces substances qu'est due principalement la facile « altérabilité des huiles au contact de l'air. Sous l'influence de « l'oxygène elles se transforment en d'autres produits ; mais « cette transformation ne se borne pas seulement aux matières « étrangères ; par suite d'une action de contact et d'ébranle« ment moléculaire, dont la chimie offre de nombreux exemples, « les matières grasses prennent elles-mêmes part au mouve« ment de transformation ; elles s'oxydent, deviennent rances, de « la glycérine se détruit, des acides gras sont mis en liberté, il « se forme des acides moins carbonés et hydrogénés, et par suite « plus volatils, et si les circonstances sont favorables, si les « huiles présentent pour le volume donné une très-grande sur« face, si la chaleur développée par l'oxydation peut s'accumuler, « alors la température s'élève de plus en plus, avec elle l'oxyda« tion devient de plus en plus énergique et il peut finalement en « résulter une inflammation et une combustion véritables.

« C'est ainsi qu'on a vu des incendies éclater quelquefois dans « des fabriques par l'inflammation d'étoupes, d'ouate et de chif« fons imprégnés d'huile, souvent déjà altérés, qui se trouvaient « accumulés en tas et qu'on avait perdus de vue pendant un « certain temps. »

Cas d'inflammations spontanées.

« Mais, puisque les huiles ont la propriété d'absorber de l'oxy« gène, la combinaison doit produire de la chaleur. La forma-

« tion d'acide carbonique qui s'effectue doit en produire également. Si cette oxydation s'opère brusquement, il y a lieu de « penser que la chaleur s'élèvera non-seulement d'une manière « sensible, mais bientôt au point de produire une véritable inflammation de la matière grasse.

« Ce phénomène se produit en effet et nous donne une facile « explication de ces inflammations spontanées si nombreuses et « si fréquentes qui accompagnent le maniement et l'emploi des « huiles fixes.

« Un peintre venait de frotter son tableau avec une bourre de « coton imprégnée d'huile siccative; *en jetant ce coton, il s'en« flamma subitement en l'air.*

« Dans les pharmacies, quand on fait bouillir des plantes « avec des corps gras et qu'on jette le résidu exprimé, on a *cent « fois* remarqué que la température du tas s'élève peu à peu et « arrive bientôt au point où la masse peut s'enflammer.

« Dans les fabriques de rouge d'Andrinople on sait qu'il faut « de grands soins pour prévenir l'inflammation du coton huilé. « Si on l'entassait, elle serait presque infaillible.

« Dans les théâtres, l'atelier du lampiste présente de nom« breux accidents d'incendie attribués, mal à propos, à la négli« gence et qui tiennent le plus souvent à l'inflammation spon« tanée de chiffons gras qui ont servi à essuyer les lampes.

« Toutes ces circonstances nous apprennent que les corps « gras qui sont divisés dans des matières poreuses et qui se pré« sentent ainsi à l'air sous une surface très-développée, absor« bent l'oxygène bien plus rapidement, en bien plus grande « quantité, et se trouvent ainsi dans les conditions les plus fa« vorables à la production de la chaleur, et par suite à l'inflam« mation » (voir M. Dumas, *Traité de chimie appliquée aux arts, partie organique*, vol. II, p. 423-424).

« L'absorption de l'oxygène par les huiles est d'abord lente, « puis tout à coup elle se fait avec rapidité, et si elle a lieu sur « des masses, la chaleur produite peut suffire à l'inflammation

« des corps gras. C'est ainsi qu'on explique ces combustions « spontanées qui arrivent assez souvent dans les magasins « d'huiles, dans les ateliers de lampistes et *surtout dans les fila-* « *tures où l'on accumule imprudemment des déchets de coton* « *imbibés d'huile*[1]. Dans les teintureries en rouge des Indes, « lorsqu'on entasse le coton huilé, il s'échauffe considérable- « ment et s'enflamme presque toujours. *Un litre d'huile de colza* « *absorbe 14 grammes d'oxygène en quarante-cinq jours*, mais « l'absorption est bien autrement rapide et considérable lorsque « l'huile offre à l'air une grande surface par sa division dans « des matières poreuses » (*Leçons de chimie élémentaire appliquée aux arts industriels*, par M. J. Girardin. *Chimie organique*, édit. de 1861, p. 189-190).

« Les divers changements produits par l'air dans les corps « gras sont dus à l'absorption de l'oxygène. Il se forme du gaz « acide carbonique dont le volume ne représente pas, à beau- « coup près, tout l'oxygène absorbé, et de plus, comme l'a re- « marqué M. Chevreul sur la graisse de porc, il se forme *des* « *acides gras, oléique* et *margarique*, *des principes volatils odo-* « *rants et un ou deux acides gras volatils.* C'est à ces derniers « composés que la graisse et les autres corps gras, devenus « *rances*, doivent leur odeur et leur saveur désagréables. On « peut rétablir les corps gras rancis dans leurs qualités pre- « mières, en les épuisant par l'eau bouillante et en les traitant « à froid par un peu de lessive alcaline. *Du reste, l'action de* « *l'air est provoquée par les matières étrangères qui existent* « *toujours dans les corps gras commerciaux ; car ni la stéarine,* « *ni la margarine, ni l'oléine ne rancissent lorsqu'elles sont* « *chimiquement pures, et les graisses, en général, sont d'autant* « *moins sujettes à rancir qu'elles renferment moins de matières*

[1] L'incendie de la rue des Espagnols, à Rouen, arrivé le 3 janvier 1855, a été occasionné par l'inflammation spontanée de chiffons gras entassés dans les magasins d'un chiffonnier en gros.

«*étrangères*» (*Leçons de chimie élémentaire appliquée aux arts industriels*, par M. J. Girardin. *Chimie organique*, édit. de 1861, p. 189).

«Les substances étrangères dont les corps gras sont souil-«lés exercent sur eux la même action que le ferment sur les li-«quides sucrés; l'altération qu'elles éprouvent provoque la «décomposition des combinaisons glycériques; les acides gras «sont alors mis en liberté, ainsi que l'oxyde de glycéryle qui se «sépare, tantôt sans altération, comme dans l'huile de palme, «tantôt en se décomposant aussi, comme dans la plupart des «autres corps gras. Ses produits qui sont dus au rancissement «se forment aux dépens des éléments de l'oxyde de glycéryle «et aux dépens des matières étrangères que l'oxygène de l'at-«mosphère altère d'abord. Ni la stéarine, ni la margarine, ni «l'oléine ne rancissent lorsqu'elles sont chimiquement pures, «et les graisses en général sont d'autant moins sujettes à rancir «qu'elles renferment moins de matières étrangères» (Liebig, *Traité de chimie organique*, p. 578)[1].

Le docteur Quesneville a publié le 15 octobre 1862, dans le *Moniteur scientifique*, un article du docteur Jules Lemaire, intitulé: *De l'acide phénique, de son action sur les végétaux, les animaux, les ferments, les venins, les virus, les miasmes, et de ses applications à l'hygiène, à la thérapeutique, aux sciences anatomiques et à l'industrie.* Dans ce travail intéressant, révélant des théories tout à fait nouvelles sur la fermentation, théories confirmées par la pratique, M. le docteur Jules Lemaire s'exprime ainsi sur la *fermentation grasse:*

[1] Voir aussi : M. Dumas, *Traité de chimie appliquée aux arts*, partie organique, t. II, p. 460. — Gerhard, *Traité de chimie organique*, t. II, p. 870. — Girardin, édition de 1861. *Leçons de chimie élémentaire appliquée aux arts industriels*, t. II; *Chimie organique*, p. 179. — Pelouze et Fremy; Berzelius.

Fermentation grasse.

« Lorsqu'on examine l'origine des corps gras, on voit que « toutes les parties des végétaux et des animaux peuvent en four- « nir. Dans les végétaux ce sont principalement les graines et « les fruits qui fournissent celles qui sont le plus employées. « Dans les animaux, les tissus, les liquides en circulation et ceux « qui sont sécrétés par les organes en contiennent. Les matières « grasses qui font partie des tissus des végétaux et des animaux « sont renfermées dans des cellules; celles qui sont en circula- « tion et celles que les organes sécrètent sont mélangées avec « *des substances albuminoïdes.* Il est donc à peu près impossible « que dans leur extraction les corps gras n'entraînent pas des « portions de ces matières avec elles. L'humidité atmos- « phérique s'y ajoutant, ces corps se trouvent dans les condi- « tions des matières qui peuvent fermenter. M. Boussingault, « dans une expérience faite sur une grande échelle, s'est assuré « que les graines oléagineuses abandonnées à la fermentation « produisent un développement de chaleur considérable accom- « pagnée de la conversion de la matière grasse neutre en acide « gras libre. Mais, comme je le dirai plus loin, il n'y a pas de « fermentation possible sans l'intermédiaire des matières albu- « minoïdes. Et si les corps gras étaient chimiquement purs, « *ils pourraient s'oxyder, mais ils ne fermenteraient pas.* La trans- « formation de la matière grasse en acide libre dans les condi- « tions que j'ai signalées me paraît dûe au mouvement de dé- « composition qui, dans ces grandes opérations de la nature, « atteint tant d'autres corps contenus dans les matières organi- « ques.... Le beurre, si prompt à rancir, doit ce privilége *aux* « *matières animales,* principalement *à la caséine* qu'il retient. « C'est lui que j'ai choisi de préférence pour juger l'action de « l'acide phénique *sur la fermentation grasse.* »

PRÉSENCE DE LA MATIÈRE GRASSE DANS LES HUILES MINÉRALES LOURDES.

Les huiles minérales lourdes renferment de la matière grasse. Ce fait, en effet, a déjà été signalé par divers chimistes, entre autres par M. Dumas. (*Traité de chimie organique*, t. III, p. 318). En parlant de la distillation des schistes, il s'exprime ainsi : « 1000 kilogrammes de bitume brut fournissent : 1° 258 kilo« grammes d'une huile minérale, (hydrocarbure léger ou huile « légère) pouvant servir à l'éclairage à la lampe ;

« 2° 141 kilogrammes d'une matière grasse qui se subdivise « elle-même en trois matières, savoir :

« Paraffine . . . . 12 0/0.
« Huile dans laquelle se trouve la paraffine
« (huile minérale lourde). . . . . 60 0/0 environ.
« Graisse . . . . 25 à 28 0/0.

« L'huile paraît devoir produire les mêmes effets que celle de « pied de bœuf. La graisse peut être employée avec avantage « pour lubrifier les machines. »

Voici ce que je trouve à ce sujet dans : A. Payen, *Précis de chimie industrielle*, édition de 1859, t. II, p. 689, à l'article : *Gaz portatif, huiles de goudrons et huiles de schistes :*

« La distillation de 2400 kilogrammes de boghead produit « environ 800 kilogrammes d'hydrocarbures liquides.

« Par la distillation ménagée de 2000 kilogrammes de l'huile « brute on obtient :

« Huile ou hydrocarbure léger, 1200 kilogrammes, d'une den« sité égale à 0,825.

« Huile lourde contenant la paraffine, 200 kilogrammes, d'une « densité égale à 0,860.

« On obtient en définitive de 1800 kilogrammes provenant « d'une première distillation de l'huile brute :

« Essence légère pour lampes, 1100 à 1200 kilogrammes,
« d'une densité de 0,860 à 0,810 ;

« Huile lourde, 300 kilogr., d'une densité de 0,840 ;

« Huile plus lourde, (représentant 150 de paraffine), 200
« kilogrammes, d'une densité de 0,850 à 8,860 » (p. 690). (Voir aussi p. 692).

Consistance invariable des Pyroléines.

Est-ce que les huiles non siccatives subissent sous l'influence de ce traitement un changement de consistance dû à la chaleur elle-même ? Non, évidemment non ; nous savons que les huiles non siccatives ne possèdent point la propriété de s'épaissir par l'action de la chaleur. Elles se décomposent au moment où elles entrent en ébullition, et cette décomposition continue jusqu'à disparition totale de la matière grasse, sans qu'il soit possible, à de certains intervalles ou dans les différentes phases de décomposition, de déterminer ou de signaler un changement dans la consistance. Du reste le rapport du temps d'écoulement est le même pour l'huile brute cuite et pour l'huile brute ; la densité n'a point changé non plus. Il n'en est point de même des huiles siccatives : celles-ci jouissent au plus haut degré de la propriété de s'épaissir par une ébullition prolongée. Ainsi, l'huile de lin par exemple, chauffée pendant douze heures ou même plus longtemps, selon le volume du liquide, se transforme au bout de ce laps de temps en une masse solide ayant l'aspect de la glu.

Ces expériences prouvent donc de la manière la plus positive que les huiles non siccatives, soumises à une haute température, conservent toujours leur consistance primitive ; les huiles siccatives seules s'épaississent par l'action de la chaleur (voir brochure *Sur les Pyroléines*, p. 55).

Mais outre que les huiles non siccatives, transformées en pyroléine, ne changent point de consistance par l'action de la chaleur, elles conservent cette même consistance pendant l'action du graissage, parce qu'elles sont inoxydables. En effet, les huiles non siccatives ne s'épaississent qu'en s'oxydant (voir brochure *Sur les Pyroléines*, p. 61-62).

PRÉPARATION DE L'OLÉINE.

Les moyens qui ont été proposés pour l'obtention de l'oléine sont les suivants :

1° Par l'alcool bouillant (voir M. Pelouze et Freny, *Traité de chimie générale*, t. V, p. 350).

2° *Par une lessive de soude d'une moyenne concentration.* (M. Leclerc indique ce dernier procédé; voir Julia de Fontenelle, p. 236.)

3° Moyens proposés pour l'obtention d'une oléine pure par Chevreul.

M. Chevreul, le savant illustre, connu par ses travaux remarquables sur les corps gras, avait parfaitement indiqué les propriétés que doit posséder une oléine destinée au graissage des machines. Voici comment s'exprime M. Julia de Fontenelle (*Fabricant et épurateur d'huiles*, p. 236) :

« L'on sait que la meilleure huile pour diminuer les frottements est celle qui est exempte de *mucilage*, qui ne contient point d'acide et ne se fige point par le froid; or, comme la stéarine est la partie la plus solide des huiles et celle qui se congèle par le froid, on en dépouille l'huile d'olive et les huiles grasses par le procédé de M. Chevreul, qui consiste à triturer, dans un matras, 1 partie d'huile par 7 à 8 d'alcool bouillant ; on décante la liqueur et on l'expose au froid; la stéarine se sépare sous forme cristalline; alors on fait évaporer, jusqu'au cinquième de son volume, la solution alcoolique, et l'on a pour produit l'oléine pure, qui est incolore, insipide, presque sans odeur, et n'exerçant aucune action sur l'infusion de tournesol; sa consistance est celle de l'huile d'olive blanche, et elle se fige difficilement. »

TABLE DES MATIÈRES.

www.ingramcontent.com/pod-product-compliance
Ingram Content Group UK Ltd.
Pitfield, Milton Keynes, MK11 3LW, UK
UKHW021151220726
13924UKWH00003B/1100